平凡之路

大律师是怎样炼成的

张 刚 著
张文骁 绘

中国法制出版社
CHINA LEGAL PUBLISHING HOUSE

我本平凡（代自序）

自2017年《平凡之路》出版以来，我结交了大量的读者，收获了珍贵的友谊。身为律师，写了一本反映律师故事的书籍，这几年带给我两个"没有想到"：一是，没有想到读者群如此广泛，不仅限于法律人，各行各业都有。至今加我微信和我交流过的读者中，最小的是一个十岁的五年级小学生，最大的是一个年近八旬的老律师，当然排除我八十多岁的老父亲，他已经看了N遍，封皮都磨损得看不见作者。二是，没有想到这本书成了很多年轻法律人的精神寄托。许多读者当然是法律人，尤其是法科生和徘徊在律师边缘的年轻人，还有青年律师，也有准备转行做律师的中青年。有的读者告诉我，他在备考法考的过程中，把这本书放在眼前，精神稍有困顿，就拿起来看看；有的读者告诉我，他在找工作，想要放弃时，翻翻我的书，继续坚持下去；有的读者告诉我，他遇到挫折时，比如没有案子，比如投标失败等，就会想起我，于是打起精神来。

我自己在寻思：为什么会这样呢？我总结几点，不知道对不对。

第一，我从农村走出来，贫苦家庭出身，纯属草根一族，是普普通通芸芸众生中的一员，具有广泛的代表性。书中记述了我的求索之路，在寻寻觅觅、迷迷茫茫中，做了律师。

第二，我天资愚钝，并不聪明，只是踏踏实实做人，勤勤恳恳做事，具

平凡之路

有代表性。如果是名人或者成功人士的自传，读者看了总感觉离自己太远，毕竟我们没有与众不同的天赋和资源，在起点上和他们没有可比性，而我们普通人的经历就比较接地气。书中可以看到我的做人之道和职业感悟，没有大道理，却是实实在在的肺腑之言。

第三，我有幸通过自己的奋斗，在大都市立足，事业做得有声有色，风生水起，自我感觉良好。如果我混得一塌糊涂，一无是处，只能表明我在诉苦和挣扎，没有成功和喜悦可以分享，就没有激励的榜样作用。书中分享了我的收获和喜悦，苦乐年华。

如同电影《阿甘正传》，我们看到一个资质平平的人，最后能够成功成才，很多观众的感受或许和我的读者的感受一样，那就是："你行，我也行！""你都能行，我更能行！"

时间过去五年，其间经历了很多事，认识了很多人，办理了很多案件，发生了很多故事。于是我盘算着，可不可以再版我的《平凡之路》？如果可以，我将删掉后半部分内容，重新来写，使律师故事更加丰富，更加生动。

不料这天，出版社赵宏编辑联系我，说她们想出版一系列丛书，反映法律人的真实状况，首先想到我的《平凡之路》，作为律师的代表性书籍推出，于是我们一拍即合。

我本平凡，这是事实。所以，第一版的封面写道："平凡律师的奋斗故事，法治建设中的职业标本"，道出了本书的价值。

我出身平凡，一直走在平凡的路上，如今依然平凡。

小时候我当过孩子王，领着顽皮孩子和邻村的孩子打群架，互扔石头，结果打坏了一个人的头，吓得躲了好几天，不敢回家。我一个人走夜路去邻村看电影，结果发现被骗了，回来时在黑夜里吓得大声唱歌，被村里的狗追得屁滚尿流。小学时在记录本上写过仇人的黑名单，决定长大后报仇雪恨，

我本平凡（代自序）

结果见了面，忘得烟消云散，还和对方成了朋友。高中前，没有出过远门，高考时才进了县城，如今做了律师，说走就走，走遍全国大江南北，五湖四海，万水千山。虽然身强力壮，但是只能"君子动口不动手"，哪怕遇到"恶人"，也不能打架，这是律师的职业操守。

为了一个字的转变，从教师到律师，背后是一段充满曲折和戏剧性的人生，从山东到辽宁，从沈阳到北京，从北京到上海，有迷茫，有失落，有坚持，有收获。

律师执业之初，为了生存，我什么案子都做过，最终走上专业化道路，是偶然，也是必然。选择的平凡之路，并非都是顺理成章，求索的律师之道，并非都是高光时刻。面对当事人的质疑，挣扎在斗争的漩涡，我只能用胜诉判决书来反击。参选的失败，竞标的落选，我也难过好多天，常以"胜败乃兵家常事"自我安慰，继续屡败屡战。

得意时，"春风得意马蹄疾，一日看尽长安花"；失意时，"飘飘何所似，天地一沙鸥。"这些都是普通人的感受，都是平常人的感悟。

但有一点，不要以为我是一个工作狂，工作之余我喜欢寻找生活乐趣。

一个人一心一意扑到事业上，有所成就，回到家里就当大爷，让太太父母伺候着，我认为不算本事。一个人为了工作，废寝忘食，满脑子想着赚钱，没有任何业余爱好，全无情趣可言，我认为工作狂不是一个完整的人。

有人看了我的书，说我很会生活，我觉得是一种极高的评价。

工作再忙，我也要找时间走路，完成一天一万步的任务。当然不是每一天都有时间，走路时可以想很多，轻松地解决很多问题，包括思考代理词和文章构思。

工作再累，我也要在周末去菜市场，观察熙熙攘攘的人群，体会那些大姐大妈的热情，买来新鲜的蔬菜和水果。

 平凡之路

工作再晚，下班后尽量自己做饭做菜，这是一种享受，更是一种健康的习惯。

我很少参加应酬，尤其不爱接受客户的请吃，哪怕山珍海味，不如自己回家炒个鸡蛋，饭后可以泡一壶茶，看书，写作，自得其乐。

负责建设工程的律师，往往出差很多，虽然路途遥远，但是并不寂寞，因为我有书籍相伴，开庭之余，还可以看看当地的美景，品尝当地的美食。

我是一个工作很认真、生活很随和的人。泉州有一个作家在她的视频号里讲：生活中，你会遇到一种人，他们为人处世、待人接物非常谦恭热情，随和友善，如果你认为自己了不起或者他们不过如此，你就错了，这是一种素质和修养，这才是真正的高手。

然后她告诉我，她讲这段话的时候第一个想到我，我非常惊愕，我说前面的描述适合我，但是结论不适合，我不是高手，我是一个平凡的人。

不信？你听我说。作为老律师，我现在开庭前依然焦虑，唯恐对手来个突然袭击，拿出撒手锏，给我一个措手不及。接受中部战区讲课邀请的那几天，我常常失眠，唯恐讲不好，贻笑大方，被人家军人干部耻笑我徒有虚名。在上海市律师协会第一次主持会议时，我战战兢兢，手心冒汗；招待讲课嘉宾吃饭时，我茶饭不思，食之无味，有嘉宾关切地问："张律师怎么不吃呢？"她说她看过我的文章《律师的优雅是掷地有声的》，她以为我在卖弄优雅。其实不是，我那是紧张。

有人说过，人到中年，人生的下半场才刚刚开始。这句话正适合我，总感觉自己还没长大，总感觉自己还很幼稚，总感觉还有很多路要走，那条路，依然是平凡之路。

夜深人静的时候细细琢磨，仿佛顿悟一般：这个世界，轰轰烈烈只是昙花一现，功名利禄都是浮云，柴米油盐酱醋茶，才是真实的生活，以平常心过好每一个平凡的日子，才是人生的真谛。

引 言
什么样的人适合做律师

什么样的人适合做律师？

很多人问过我这个问题，我一直不能很好地回答，正如客户经常问律师"我的案子胜算有多大"这种问题一样。但是也不能刻意回避，如果你对客户的问题置之不理，就不能证明自己是一个合格的律师，面临的是信任危机和饭碗问题。如果我对很多年轻律师的问题置之不理，就不能证明自己是一个资深律师，面临的是声誉问题。

到底是声誉的问题大，还是饭碗的问题大？对于一个淡泊名利的人来说，都不是大问题，因此我才敢于斗胆直言，大言不惭。

很多人往往把性格与职业关联起来，武断地认为什么样的性格适合做什么，不适合做什么。在我做律师之前，一直认为：性格内向、不爱说话的人，不适合做律师。而且绝大多数不了解律师职业的人，也都抱着这种观点。现在看来，这都是偏见，其实，性格与职业无关，因为职场中人完全可以有不同的性格，不同的性格形成不同的风格，可以百花齐放。

性格外向，喜欢张扬，喜欢交际的人，做律师可能更容易上手，更快被人接受，也容易早成功。相反，低调、内向的人思维没有那么敏捷，甚至有点迟钝，可能需要走很长的弯路，可能需要较长时间才会显露自己的才华，

 平凡之路

正如莫言称之为"晚熟的人",但不影响他也可以做一个成熟稳重的律师。

为什么很多人"大器晚成"呢?晚熟之人往往是因为处处忍让,委曲求全。在稀少的机会面前,不去争,不去抢,把机会让给别人,让别人有了早熟的机会。比如新生开学时,老师问:"谁想当班长?大家毛遂自荐。"大多数人不敢回应,只有早熟的人才会抓住这个机会,成为学生干部,成为老师身边的红人;比如单位评优,有人去请客送礼,帮自己拉票,晚熟的人不好意思做这个,觉得不屑,脑筋转不过弯来。这样可能成为被打压和冷落的人。晚熟的人,就这样长期以来鲜有机会,或者有机会也容易错过,只能是默默耕耘。

晚熟的人,一般没有家庭背景和资源优势,只能是厚积薄发,一步一个脚印地慢慢成长。《孟子·离娄下》记载:"源泉混混,不舍昼夜,盈科而后进,放乎四海。"意思是,泉水遇到洼地,只有将其灌满才可以继续前进,比喻做事只有脚踏实地、循序渐进,才可以成功。但凡珍贵树木,都是生长十分缓慢的树,比如金丝楠木、黄花梨木、紫檀木等,都需要上百年的生长周期才可以成材。因此,这种晚熟的人,底气更足,不会昙花一现,因为有坚实的基础支撑,让人更可信,感觉更靠谱。

言归正传,律师应该具备哪些优良品质?在书中我会用很多故事来反复讲这个问题,所以这里不再重复。为了回答题目的问题,我决定采用逆向思维,列出负面清单,也就是说,我们来探讨一下什么样的人不适合做律师,这也是最初问题的答案。

我不能事无巨细,列出一长串一长串的负面清单,那样会让年轻律师们望而却步,敬而远之,律师人数越来越少,不利于我国的法治建设事业。我单从胸怀、思维、习惯、心理和心态方面,来谈一谈哪些不利因素影响律师的成长。

一、不负责任的人做不好律师

买一件商品，不合格，可以更换，造一幢房子，质量有问题，可以修复，但是律师办的案子，大多数会影响别人的人生，不可以重来，法律也是这样规定的：一事不再理。所以律师必须慎重对待每一个案子，无论大小，都要负责办好。如果一个玩世不恭的人、对待案子无所谓的人、办事不尽心尽力的人做律师，结果可想而知。

负责任办好客户交代的事情，不是说一定能够满足客户的期望，不是说一定能够做到每个案子都胜诉。如果能够做到把客户的事情当作自己的事情来办，做到在当时的法律框架内万无一失，去努力抗争了，也就问心无愧，算是尽职尽责。

二、没有担当的人做不好律师

案子结果不好，急着甩锅，不反思自己，只强调客户的责任，抱怨法官枉法，就是没有担当的表现。案情复杂、事情棘手，需要律师出面处理，如果觉得案子费力不讨好、不挣钱、有风险或危险，就退缩，就拒绝，都是没有担当的表现。

我最初执业的时候，经常向客户写检讨，主动承担责任，委屈吃得多了，客户就认可你了。作为建设工程律师，我做的案子大都是疑难复杂的纠纷，而且在外地的官司居多，比如新疆、西藏、青海、内蒙古、贵州等地，起初客户想自己处理，结果快开庭了，眼看处理不了，就临时找我，我只好临危受命，二话不说，整装出发。我也想多做点事少、钱多、离家近的案子，可是几乎没有。没有担当、遇事畏难恐怕做不好律师。

三、逻辑思维欠缺的人做不好律师

如果平时做事都是习惯散漫的人、思维混乱的人，要做律师还是先好好培养一下逻辑思维，训练一下思考问题的严密性和规范性。法律是严肃的，不是儿戏，可能一着不慎，就会遗憾终身。

无论是法律文书，还是法庭辩论，都要求言之有据，言之有理。其中至少包括法律、法理、事实、证据和伦理，而且要求证据链条是严密的，具有说服力的。

律师的所有工作，几乎都是围绕"说服"进行的，我们要说服当事人和客户，要说服相对方，要说服法官、检察官和警察。说服的功力主要体现在逻辑思维上面，没有这方面功力是绝对不行的，这就需要多读书，多学习，多思考，提高认识能力和思辨能力。

四、懒惰的人做不好律师

一个喜欢睡懒觉到第二天十点以后的人，干脆别做律师。我真的见过这样的律师，白天睡觉，晚上熬夜，上午开庭的时候法官给他打电话，他还在被窝里。懒惰的人开完庭，不会及时写工作汇报给客户，如果遇到周末，就将其遗忘到九霄云外去了。客户问起来，一问三不知，下次开庭时，也想不起来：上次该补交的证据是什么，争议的焦点是什么。稀里糊涂，焦头烂额，怎么做好案子啊？

机会都是留给勤奋的人的。我有案件需要找律师合作，用微信发信息给好几个律师，最先回复的律师将是我选择合作的人。潜在客户晚上或周末发微信咨询问题，我及时回复，合作可能就成了，超过一个小时再去回复，人家说："抱歉，我已经找到律师了！"

年轻律师没有案源,要自谋出路,不能光想着天上掉馅饼,有的律师勤奋写文章;有的律师忙着做讲座;有的律师利用周末多学习,多听课,业务提高很快。为什么有的律师无所事事,只管抱怨老天不公,命运不济呢?

五、粗心的人做不好律师

律师工作是一种细活,不能有半点马虎,在当事人提供的蛛丝马迹中找寻对他们有利的事实和证据。法律程序是一种严格严密的流程,不能有丝毫疏漏,比如超过诉讼时效一天,就会面临败诉风险;立案时拿到缴费通知,必须七日内缴纳,过期视为撤诉;忘记开庭时间,或者迟到,可能面临视为撤诉或败诉的风险;收到一审民事判决书后,必须在十五日内上诉,否则丧失上诉权;逾期不履行判决书,就会面临失信风险;等等。时间就是金钱,时间就是生命。

律师必须把每天要做的事情写在日程表中,制作计划书,每天还要及时完成预定任务,任何疏漏和遗忘都可能是致命的。法律文书有一个错别字,轻则被当事人指责,重则影响案件结果,造成重大事故。

六、易急躁易暴怒的人做不好律师

接待客户要耐心,有的客户可能内心有冤屈,需要找人倾诉,律师就需要耐心倾听。我在北京执业时,一个遭受火灾的当事人每次见我都要哭诉一番,我也是陪着落泪,用了不少纸巾,因为耐心获得了客户的认可。如果没有耐心呢?容易急躁呢?很多时候缺乏冷静,就会陷入捉襟见肘的困窘,一旦急躁,就会失误,一旦急躁,就会犯错。

容易暴怒的人更不适合做律师。法庭是社会矛盾最尖锐的地方,原告被告之间往往针锋相对,当事人和代理人的素质千差万别,彼此言辞激烈,羞

平凡之路

辱讽刺,甚至谩骂也时有发生。如果你是一个容易脾气暴怒的人,很可能在法庭上无法控制自己,甚至大打出手,结果被法警抓走,吊销律师证都是有可能的。

一定要练就一种本领,无论对方如何羞辱你、激怒你,你都要心平气和、情绪稳定、内心淡定、应对从容,方显内心的强大和有力。"千磨万击还坚劲,任尔东西南北风""敌军围困万千重,我自岿然不动",要的就是这个境界。

七、缺乏敬畏心的人不适合做律师

既然选择法律职业,就要信仰法律,怀着敬畏心,知道哪些事情能做,哪些事情不能做,不能知法犯法,不能与当事人合谋虚假诉讼,不能串供作伪证,始终把律师职业当作一种崇高神圣的事业。战战兢兢,如履薄冰,是律师工作的真实写照。如果无所畏惧、无法无天、没有边际、没有底线,早晚会丢掉饭碗,自身难保。

如果你发现自己有这些毛病,就不敢做律师了吗?大可不必。人无完人,一个人成长的过程,就是不断改掉毛病的过程,也是一个做减法的过程。其实减法做多了,就是加法,比如改掉粗心的毛病,就自然而然养成细心的优点;改掉懒惰的毛病,自然就养成勤奋的优点;改掉甩锅的毛病,就会逐渐养成敢于担当的优点;等等,事物是可以相互转化的矛盾体,事情都是此消彼长的统一体。

律师职业也是一样,从小律师到大律师的过程,就是不断完善自我的过程。从某种意义上来说,人这一生只要能够不断战胜自己,就是成功。作为律师,我们常常把我们的"敌人"想错了。我们以为,在竞标中战胜其他竞争者,原告在法庭上战胜被告,辩护律师战胜检察官,这些就是成功,其实不然。很多时候，竞争者不是你的敌人，他比你优秀，他中标了，那是他应得的，你要向他学习长处，提高自己，日后才有更多机会；被告也不是你的敌人，双方完全可以通过调解、和解来解决问题，需要妥协、让步、合作才能取得共赢；法官、检察官也不是你的敌人，而是法律职业共同体，需要共同寻找真相，实现公平和正义。

原来最大的敌人是你自己！

目　录
CONTENTS

第一部分　抉择：从教师到律师

002 / 我来自农村

004 / 两次踏进鬼门关

010 / 执子之手

015 / 外出打工的日子

019 / 重拾法律梦

023 / 三十二岁出关求学

026 / 一个老师两个学生

030 / 司法考试

033 / 苦乐年华

041 / 遇到一群好同学

044 / 地下室的北漂时光

平凡之路

第二部分　入门：从律师助理到专业律师

050 / 实习期的坚持

058 / 最初执业那几年

062 / 成名之作：我为毕业生打官司（一）

067 / 成名之作：我为毕业生打官司（二）

072 / 北京的客户成了姐

082 / 第三次举家搬迁：从北京到上海

086 / 一家三口，四海为家

094 / 艰难的专业化道路

098 / 凯旋城里起纷争　百折千回得凯旋

第三部分　律途心语：律师的专业与职业

108 / 考察律师助理的三个维度

112 / 优秀律师应该具备的三种素质

115 / 靠谱的律师是什么样子的？

118 / 如何提高办事效率？

120 / 完善自我，改变生活

125 / 做律师没有成就感，你还坚持吗？

131 / 并非天生的演讲家才能做好律师

137 / 法律人的优雅，是掷地有声的

142 / 律师，应该有点贵族精神

147 / 青年律师如何建立良好的人脉？

153 / 律师的战斗力都是被逼的

159 / 律师不是你想象中的那样强大

166 / 做一个真正的律师还是真实的自己

173 / 作为律师，我相信因果报应

179 / 写作爱好与法律业务相得益彰

第四部分　职业人生：一路风雨一路歌

188 / 律师这么拼命，究竟是为什么？

195 / 你想要一个什么样的人生？

202 / 乡愁和恩情相伴，照亮律师的平凡之路

208 / 律师与汇款单

213 / 父母眼里的律师世界

218 / 疫情期间我去新疆库尔勒开庭（一）

224 / 疫情期间我去新疆库尔勒开庭（二）

230 / 成都，成都——我是怎么把法官逗乐的

234 / 舌尖上的律师

239 / 开庭和爬山，我们都是认真的

244 / 致儿子的信：我带你去开庭就是为了让你看看什么是正义

250 / 律师问道昆仑山

259 / 后　记

第一部分

抉择：从教师到律师

平凡之路

我来自农村

> 我们不能选择出身，但可以试着改变命运。
>
> ——题记

20世纪70年代初，我出生在泰山脚下汶河之滨的一个村庄。我的父母都是老实巴交地地道道的农民，除了土地，一无所有。

我的幼儿园（那时叫"育红班"）时光是在河边树林的沙地上度过的。村后是广袤的沙丘，村里最老的老人也不知道沙丘是何时形成的，沙丘上有密密的老树，树上鸟儿的歌声不绝于耳，也有矮矮的桑树，每当桑葚熟透的时节我们都把嘴巴吃得紫紫的，一整天都洗不掉。当年的沙丘是我儿时的乐园，如今如山的沙丘不见了，但至今想起童年，无忧无虑的笑声仿佛总是回荡在沙丘和树林之间。

我的小学是在一个由破庙改造的学校里就读的。教室的窗户上没有玻璃，到了冬天，同学们从各自家里拿废弃的塑料纸钉在教室的窗户上，寒风一吹，呼扇呼扇的，我们一会儿看看老师，一会儿看看窗户。课桌都是水泥台子做的，很结实，但也很冰冷。有时早晨去早了，看门的大爷迟迟不来，我们就爬墙进去，小朋友们打成一片，直到老师到来。

初中有点远，途中要穿过一片树林蹚过一条小河。夏天水涨了，男生就脱掉衣服用手高高举着游泳过去，然后再穿上衣服去上学，女生只能绕很远的路。记忆中的冬天总是很冷，河水结冰时我们就可以走捷径。那时我们打着提灯上夜校，路过的那片树林里有几个坟丘，提灯把长长的影子映在树林里，胆小的女生吓得紧紧地跟在我们后面。

中考时，班里大部分同学都落榜回家，大概只有六七个同学考进了高中，我有幸考进了县城中学。我属于那种慢热型的，学习成绩开始时落后，后来就慢慢追上来，然后成了班里的前几名。因为学校离家远，我们几乎都住校，四周回家一次。多亏了本家的大叔，周一去城里上班时给我捎来母亲烙的煎饼，还有自家腌制的咸菜。中午下课我们宿舍的同学们各自坐在自己床边吃着自家的"美味"，很少去食堂打菜。1991年我参加高考，全班五十多个同学，只有三个考上大学的，我成了幸运儿。

 平凡之路

两次踏进鬼门关

> 任何人都不能拿自己的生命开玩笑,活着才有希望。
> ——题记

1995年大学毕业那年,因不甘心回到老家教书,也想顺便改变一下"历史"(我的本科专业是历史学),我相继报考了北京大学的法制史专业研究生和复旦大学的国际经济法双学位,结果都因微小的差距名落孙山,至今我还清晰地记得自己的成绩离复旦大学的录取线仅差了3分。不是没有努力,而是因为当时的信息太闭塞,我连一本考试的指导书都没有,只能在学校图书馆里大海捞针,抱着封皮被反复粘贴过的古籍啃了又啃,就算是"博览群书"。结果,其他科目考得都不错,就是法律专业知识较差。无奈,法律梦破灭,只好遵从当年国家关于大学毕业生的就业政策,从哪里来回哪里去,没有选择的权利,也没有离家出走的念头。

我带着高校发的报到证回到泰山脚下的县城教育局报到。

教育局把我分配到了一所中等师范学校,学校坐落在一个曾经产煤的小镇上。尽管小镇很破落,学校俨然是一个废弃的村委大队部,淹没在周围的村落里,但是,据说这所学校是该县的"高等学府",一年后会搬迁到县城,到时候"刘姥姥"就可以进"大观园"了。所以当年挤破头也要进这个学校

的毕业生还特别多，这就不足为奇了。

我就是其中之一。因为是高等学府，所以学校主管教学的副校长自然就没有把我这个教育行政主管部门分配过来的毕业生放在眼里。他推了推我递过去的介绍信，说他们这里的教师已经超员，你让我等一等，然后就再也不理我了。

我人生第一次进入社会，第一次参加工作，就遇到一个难以释怀的问题：难道下级单位可以公然违抗上级的命令？后来我了解到一些情况，副校长很想安排另一个毕业生进这个学校，是他的亲戚，也是学历史的。一个学校副校长自下而上决定的毕业生和一个教育局自上而下分配的毕业生撞了车。我成了牺牲品。

副校长终究没有对抗过教育局局长，我成了学校唯一一个拿着工资，按时上下班，但又没有实际工作的教师。我那时的月薪320元，从上学时的"无产阶级"成了"有产阶级"，从学生成了梦寐以求的"吃国库粮"的人，应该是值得庆祝的人生大事，但我感觉拿钱拿得很不自在。没有课可以上，没有事可以办，没有办公位可以坐，只能按时签到后再回到教工宿舍里宅着，下班前再去签退。与其说是宿舍，不如说是监狱，但在监狱还有狱友，我只能一个人苦苦煎熬着，与老鼠为伴，与苍蝇为伍。

只有在学校举行篮球赛时，我才有了用武之地。我展示了在大学练就的一技之长，很酷地戏耍了对方，嘴里却一不小心冒出一个发泄的"靠"字，被学校教导处主任抓住机会狠狠地训斥，把我训得狗血淋头。而我必须学会低调，因为我什么都没有，什么都不是，一只脚还在门外呢，有随时卷铺盖走人的风险。

聊以慰藉的是，晚饭后或周末，年轻老师会聚到我的宿舍，一起打牌、喝酒、唱歌，一时欢乐的气氛充满了我的陋室，让我暂时忘却烦恼，暂时摆

平凡之路

脱孤寂。但是我仍然感受到与他们之间的距离，仍然无法摆脱猝不及防的孤独，无法完全与其融为一体。

就这样在我清闲地"工作"了一年后，学校如愿以偿地搬进了县城。新校址坐落在县城东部的高坡上，这座"高大上"的建筑物确实配得上高等学府的称号。这座建筑物设计奇特，远观，它高高的台阶气派十足；鸟瞰，它像一架巨型的直升机，一副待飞的架势；近瞧，里面更像是迷宫，四通八达，办公室、教室、学生宿舍、单身教工宿舍一应俱全。包括设计师在内，谁也未曾想到，这架"直升机"始终没有飞向蓝天。

学校一搬到县城，上级就给学校派来了新的领导——一个权力欲极强、能够和副校长对抗的领导。很不幸，第一眼我就被他看上了，应了那句歌词"只是因为在人群中多看了你一眼"，就被他命令似的用他那专用的当时还很时尚的桑塔纳轿车拉去相亲。相亲对象竟然是他的妻妹小李——一个初中毕业的商场售货员。

同意？拒绝？为了给新领导一个面子，尤其是不想把所有的领导都得罪了，我就在不置可否的彷徨和徘徊中被动地陷入了泥潭。也许是性格使然，不懂得拒绝，才导致局面完全失控，正应了那句名言"命运就在性格之中"，冥冥之中注定了我必然有这一劫难。

小李不知道犯了哪门子神经，不惜一切代价地近乎疯狂地向我进攻，加上学校领导的政治攻势，我无处可逃。整个学校都知道，我成了领导的亲戚和红人！后来在领导的精心布局下稀里糊涂地定了亲。"人为刀俎，我为鱼肉"，我就是一只懦弱的小羊，在狼群面前无处躲藏。

正当人家准备结婚嫁妆的时候，我这只小羊的内心经过一阵子痛苦挣扎后，终于决定鼓起勇气向对方说"不"。

小李的家人并没有因为我坚定的"不"字而有任何的退缩，反而变本加厉地进攻、盯梢、威逼、利诱，加上领导及其死党找我反复地谈话、施压。我是选择上课、入党、评先进，还是失业、下岗、遭冷落？

甚至远在河北邯郸的二大爷听说后，认为事情比较严重，专程回来做我和我家人的工作。他语重心长地教育我：这是终身大事，不是儿戏，定了亲，就不能反悔！反悔会让我们的家族名声受损！

我偏偏就是一个反抗者！无论如何也不甘心接受这个现实！正因为是终身大事，我才反复思考一个问题：假如你和一个你不喜欢的人组成家庭，天天生活在一起，在一起睡觉，在一起吃饭，在一起照顾孩子，是什么样的心情和感受啊？

领导派人反复给我做工作，找我谈心，软硬兼施。作为一个刚刚毕业、涉世不深、初出茅庐的年轻人，如何抵抗来自各方面的压力啊？我的家人也都是老实巴交的人，眼睁睁看着我任人摆布，却无计可施。只有靠我自己了，解铃还须系铃人，我苦思冥想了几天，最后想出了一个狠招。

在一个周末的黄昏，我把小李家请客、送礼、买衣服的花费计算清楚后，开了一个银行存折，存上钱，又留了一封遗书，跑到领导家里，塞给他家的保姆，随后就骑着自行车飞奔在马路上，直奔城东的青云湖。路过我的学校时，已经是华灯初上，我在校门对面的马路边停下来，依依不舍地看着那架"直升机"，我拿出事先在商店买的一瓶白酒，喝一口敬一下曾经梦想为之奋斗终生的地方，然后继续东进，边喝边走，边走边哭，感慨自己的命运：为什么我一进入社会就遇到这么多的烂人和破事啊？为什么他们非要缠着我，黏我，逼我啊？还未到青云湖，我已经情绪激动，把一瓶安定药片和一瓶白酒全都灌进了肚子里，瞬间就失去了知觉……

月光下，我来到一个完全陌生的地方，有山有水，有树木，溪水潺潺，荷叶田田，一股奇香引我向前。过了奈何桥，忽见一庙宇，门前一副对联："月来满地水,云起一天山"。我推门而入,大殿上一巨人手持大笔,挥洒自如,见我进来,不抬头便问:"缘何而来?"他声如洪钟,我答:"误入歧途。"巨人抬头,青面獠牙,原来是判官!曰:"既然搞错了,回去吧!"我战战兢兢退出庙门,大雾弥漫,找不到回家的路,挣扎间,听有喊声。

"张老师!张老师!"一群学生在叫我,我一惊,睁眼一看,原来我躺在医院的病房里,母亲已经哭成泪人。学生们告诉我,那天晚上是一个赶集回家的老头在路边马路牙子上发现了我并大声呼救,他们几个同学正在马路上跑步,及时把我送到了医院,医生说如果晚来半小时,我可能就去见阎王了。可能是因为当时胃里没有食物,可能是当时灌下的药片太多,可能是喝的白酒太烈,把医生累得够呛,直把我的胃翻了个底朝天。听完医生"折腾"我的过程描述之后,我发誓以后再也不喝安眠药,再也不用酒送下安眠药!我开始回想:是谁鬼使神差地告诉我这种自杀的方式?

母亲说我躺了两天,不省人事,以为我再也回不来了,没想到还是我的命大。我从小就命大,自我有记忆时起,村里就有很多人给我讲过同样的故事:1972年的春天,刚出生三个月的我得了严重的肺炎,母亲带我去住院治疗,医生用尽了医院里所有的药物和治疗手段,都不见效。家里人去医院看到我的样子,都是摇着头,劝母亲放弃孩子回家吧!有气无力的母亲把奄奄一息的我紧紧地揽在怀里,不停地摇头,不停地掉泪。医生给母亲下了三次病危通知书,让抱着孩子走人。母亲死活赖着不走,见我一发病她就跑去喊医生,拼命敲门,晚上也不让医生睡觉,折腾得医生很是够呛。母亲在我睡着时,就帮着医院干活,帮护士打扫卫生,给医生打热水、倒垃圾,非常勤快,医生和护士都很喜欢她。可是住院三个月我的病没有一点起色,医生说所有药都试过了,除了红霉素。有一天,医生来告诉母亲,说隔壁病房托关系从外地买来三支红霉素,他的孩子用两支就可以,让母亲去问问。这信息让母亲如获至宝，到隔壁病房哀求人家卖她一支红霉素。最后母亲跪下了，终于把人家感动了，把红霉素以高于市场价三倍的价格卖给了我们。母亲赶紧让护士给我打上药，说也奇怪，一支红霉素就救活了我的命。母亲说，我出院时，布谷鸟叫，麦子黄梢，我见人就笑，母亲已经瘫倒。

那天出院后，我对母亲说，我其实是想吓唬吓唬她们，谁想着真要死呢！谁知阴阳之间就隔着一小瓶药呢！我向母亲发誓：以后会好好珍惜自己的生命！

人最大的悲哀莫过于：你差点付出生命去做的抗争，没有起到任何效果！小李依然没事一样地黏着我，她说我去哪，她就去哪，不让我好过！我知道这种心态肯定不是为了爱，而是赌气。她天天去单位找我，有时碰到我单位漂亮的姑娘竟把她们当作假想敌，围着人家打量一番；有时在单位门口等着，跟踪我，甚至叫上她的亲戚朋友加入跟踪大军，我费上九牛二虎之力才能甩掉她们的跟踪，毕竟骑着自行车穿梭在县城巷子里是需要体力和脑力的，幸好我看过《铁道游击队》，学会了一点"游击战术"。但这点游击战术，在这个小县城里根本无用武之地。

终于有一天，她家人通过学校领导向我提出一个解决问题的方案。

 平凡之路

执子之手

> 谁和谁有姻缘，好像是上天注定的，强求不得。
>
> ——题记

她父母提出赔偿她的青春损失费和误工费！

这个世界上，能够用金钱解决的事情，都是简单的事情，虽然这话说起来容易，当时对我来说做起来却有相当的难度，因为我需要四处筹措。终于在一个学校领导主持的仪式上，我们签了协议，然后我支付了一笔在当时看来比较巨额的费用给对方，一笔勾销了这段稀里糊涂的所谓的"爱情"。那时我没有一点法律意识，十年后作为律师的我为很多人代理过类似案件，都成功解决，现在想想有点可笑，有点可悲。转而一想，此一时彼一时，也许那是当时最好的解决方式，总而言之，我自由了，解放了！

所有领导都得罪了，你还能继续待在这里吗？但是不在这里待着，还能去哪里呢？我只能忍辱负重地工作和生活，没有教学任务的我，每天便是读书、读书、再读书，学习、学习、再学习。

在我人生最彷徨的时候，一个女孩走进我的世界。

梅是华东师大毕业的，自小在城里长大，那天她和一群刚刚毕业分配到我单位的同事去学校报到，是我接待了她们。前面提到，我的职位悠闲，因为没

有课程给我安排，我成了校庆办公室的"主任"兼"科员"。校长临时给我一个任务：负责接待新来报到的教职员工，并带领她们参加学习、培训和劳动。

那天我从人群里一下子看到了她，就开始关注起来。

我那时是学校的"名人"，她也听说了我的故事，我从她的眼神里读出了她对我深深的同情和理解。

有一天，我终于鼓起勇气约她一起去爬青云山。她居然答应了！

青云山离我们县城不远，骑自行车不用一小时就到了。青云山是一处不大不小的风景区，据说是泰山顶的山头飞来这里形成的，所以泰山顶上是平的，叫作天街。青云山下就是青云湖，就是那个我曾经想长眠的地方。

北方的冬天寒气逼人，但那天我们爬上青云山的第一个山头，就已经是满头大汗了。望着前面的三个山头，梅问我："还爬吗？"我说："爬！"她说："我累了，不想爬了。"

"我背着你。"我说，我不知道自己哪里来的勇气。

她开始有些不相信。我又重复一遍："如果我背着你翻过两个山头，你能不能答应嫁给我？"

梅居然答应了！

我居然真的背着她翻过了两个山头！用了两个小时！我气喘吁吁地放下她，迫不及待地问："可以嫁给我吗？"

"不行，除非再翻过一个山头！"她说。

我二话没说，背起她来就走。

我费了九牛二虎之力背着她爬上了青云山的最高峰，差不多是三步一歇，几乎是拖着她上去的。后来我们到了阎王崖，那里是当地著名的风景点，以陡、险、峻闻名遐迩。

我瘫在岩石上，有气无力地问她："可不可以嫁给我？"

 平凡之路

她说:"我是开玩笑的!没想到你当了真!"

我当然就当了真,你想想:在这么危险的悬崖上,一个女子能够一动不动地赖在一个男人的身上不下来,是对这个男人的一种怎样的信任啊!

1998年3月18日我们结婚的时候在学校附近的村庄租了一间房子,和房东住在一起,房东住堂屋,我们住东偏房。

结婚的家具都是用老家院子里种的梧桐树做的,我上学时母亲找人伐了梧桐树,锯成木板晒干,留起来,我结婚前用大卡车从老家拉到六十公里外的县城。为什么非要用梧桐木做结婚家具呢?

小时候,我家的院子种满了梧桐树,梧桐树叶长得比伞还大,炎热的夏天可以在树下乘凉。我家院子里经常坐满了拉家常的左邻右舍,晚上下雨,雨打树叶的声音很响,我在屋里睡得很香。冬天,树叶落了,树枝密密麻麻,错落有致,白天是鸟的天堂,晚上树枝成了无家可归的麻雀的"旅馆"。我长大后,母亲问我:"你知道我为什么在咱家种这么多梧桐树吗?"我摇头,母亲说:"俗话说,'栽下梧桐树,引来金凤凰',你明白母亲的心思吗?到你结婚的时候给你做家具。"我若有所思地点头。这是我结婚时父母留给我的唯一的礼物,也是当时我家最重要的财产。

因此,用"家徒四壁"描述我的婚房不是非常准确,起码我家里还有一个电器,那就是一把手电筒,夜校放学的时候我和老婆一起从学校打着手电筒回到租住的家里。那年电视正好播放古天乐版的《神雕侠侣》,我们几乎都是在房东的屋里看的,有时房东不在家,我们就在门口焦急地等待,在期盼房东的时间里,我和梅就竞猜:杨过到底找到小龙女了吗?

1999年3月儿子出生了,给我们的生活平添了欢乐,也带来了负担。我们租住的房子里没有自来水,孩子的尿布都是我拿到村外一条小河中洗涮的,一次足有二十几条,我不敢抬头看旁边洗衣的村妇们,怕她们嘲笑我,于是

心中不停地反问自己：难道苏轼的《浣溪沙》不是在这种情况下写出来的吗？

两个人都在学校有工资，日子过得不好也不坏。结婚那年学校集资盖房子，每家要出大约3万块钱。3万块钱现在看来不多，那时可是天文数字，尤其是对于工薪阶层来说。在兄弟姐妹的帮助下，我和梅总算把房款凑齐了。说起来不相信，作为双职工的我们，那时就是典型的"月光族"，每月工资除了留一些必需的生活费，其余就用来还债。有时同时遇上几个同事结婚、生孩子等喜事，日子就捉襟见肘了。

虽然日子过得紧巴，但一家人其乐融融。我们经常带着儿子去游山玩水，享受大山的挑战和湖畔的阳光。记得那年暑假儿子一岁多点，我们来到青云山下的青云湖下游的一条小河，河水冰凉清澈，站在河边竟然发现许多小鱼小虾。于是我们回家拿了小网回来，把熟睡中的儿子放在一块平整的巨石上，担心他一翻身掉进水里去，就在他周围搬了几块石头挡住。儿子的安全问题解决了，我们就开始工作。小城市里生活的乐趣就在于可以亲近山川河流，享受大自然的馈赠。那天我们收获不小，满满的一桶小虾。回到家我就撸起袖子下了厨房，洗净虾，裹上面糊用油一炸，美味极了，儿子吃得很欢。

可惜，好景不长。2001年国家要求中等师范学校进行"撤、并、转"，很多中师升格合并到高校，而我们学校沦落到被撤销的命运，和另一家教育培训中心合并，政府对教师的政策是教师分流，可以报考其他学校，也可以进培训中心。

我们学校的大部分老师争着报考市一中，为了尽快离开这个学校，我也参加了考试，结果获得了笔试第二名，面试第三名，人家就要两个历史老师。那个竞争对手比我想进市一中的欲望更加强烈，因为他在乡镇中学，老婆在城里，属于两地分居，所以他就拼命地向评委请客送礼，我就傻傻地等待，

 平凡之路

就这样我落选了。

后来学校安排我教了一阵子语文,会写文章不一定会教语文啊,教学效果不好,还是回归本行,我又成了历史老师。学校没有生源,就没有学生,老师就没法上课,没法上课,还叫什么老师啊?

第一部分　抉择：从教师到律师

外出打工的日子

> 你所走的每一条弯路，都是助你成长成功的基石。
>
> ——题记

我只好听从教育局的安排随着大部队合并到教育培训中心，又成了闲置人员。

那时学校鼓励老师可以办理停薪留职，外出勤工俭学。当时学校有几个老师应聘到北京的私立学校，我也让这些老师回家时带了我的简历去推荐，然而，虔诚地等待了很久，没有下文。

我和老婆向民办学校投了很多简历，接到面试通知的第一站是无锡，学校叫南洋国际学校。第一轮是面试，面试官问我为什么来应聘，我想说家里穷，出来挣钱，这回答太丢人！我想说为了中国的教育事业而奋斗，这回答太空洞！我天生内向，口才极差，紧张得语无伦次地不知道说了什么，所以最终也没说明白。第二轮是笔试，第三轮是讲课。临近天黑的时候人事处长问我们，学校想留下梅当教师，可以吗？老婆说不可以。第二天一早，坦然放弃了机会的我们担心以后再也没有出来的机会，就爬上了学校周围的小山，最后看一眼远处矗立的那一尊神秘的灵山大佛，就算不枉此行。

平凡之路

我们的第二站是临沂——20世纪末北方最著名的民办学校发源地。我们在一所民办学校又经过了两轮的面试，最后是校长找我们面谈。他对我说，我看你的简历中，你的写作水平还是可以的，愿不愿意当一个校刊编辑？我当即答应，梅成了生物教师，我就做了校刊编辑部主任。我当时的心情是，只要能留下，当不当老师都可以。

有心栽花花不开，无心插柳柳成荫。其实写作是我的特长，在我与学校领导斗争的日子里，在我最彷徨苦闷无助的时候，文学成了我寄托心灵的地方。那时写稿子没有电脑，只能在稿纸上抄写，改了一遍又一遍，稿纸费了很多，文章发表很少。我写过散文，写过小说，写过纪实文学，在正规刊物上发表过几篇文章，稿费最多的时候一篇文章的稿费超过我月薪的两倍，当时还轰动了全校。正是因为有了这些成果，我才能够拿着发表的文章应聘到民办学校做了校刊编辑部主任，规模最大时我旗下领导了三个干将，一个是摄影的，一个是写稿的，一个是开车的，我人生第一次找到了存在感和成就感。

我的业务就是宣传。除了在校内每月发行一期校报外，我们学校还在《临沂日报》上有专刊。我每月至少要跑一趟报社送稿，同时拿回新发行的报纸。采访、征稿、写稿、编辑、排版是我的主要工作。看到正规发行的报纸上有我的大名，我有一种莫名的自豪感。后来才意识到，其实那都是广告，为了招生花钱买的宣传版面而已。

这家民办学校的要求是教职工把孩子全部放进学校办的托儿所，只有周末才可以接出来，以便老师有精力全身心投入工作。那年儿子才两岁半。

我们狠心地把儿子放进幼儿园那天，儿子哭得死去活来，直到他哭累了，睡着了，我们才走。晚上我们偷偷地溜进儿子的宿舍，蹑手蹑脚地走在满是幼儿床的房间里找儿子。突然儿子翻身坐起来，嘴里嘟哝了一句什么，把我和老婆吓得赶紧藏起来。一会儿儿子倒头又睡着了,我们给他盖了盖被子,不敢久留,忍痛离去,我看老婆的眼里泪水汪汪。

一天,我接到学校通知,幼儿园举行游戏比赛,要我去拍照。第一个比赛是捡豆子,桌子上放了一堆豆子,三个孩子围在桌子旁,每人手里一个空碗,看谁捡的豆子多。我其实不想去惊动儿子,唯恐他有什么想法。我就偷偷地来到比赛现场,拿着相机准备拍照。到了儿子和几个小朋友比赛的时刻,儿子表现得相当镇定,一动不动地坐在桌子旁,眼光盯着豆子一动不动。我想:儿子已经聚精会神地投入比赛,应该能拿个不错的成绩。只听到老师一声令下:开始!其他小朋友飞快地投入战斗,儿子还是一动不动。几个老师在提醒儿子,为他加油。没想到,这时儿子突然崩溃,咧开嘴放声大哭,然后身子转向我,扑过来,哭喊着:"爸爸,我要找爸爸!"看来本以为隐秘的行踪还是被他发现了,经幼儿园园长特批,我带着儿子出去"放风",那天我们去了罗庄动物园,从"笼子"里放出来的儿子好开心啊!

校长的教学理念非常超前,他经常受邀外出做报告,我为了报道新闻,就经常听他讲课。因为校长没有稿子,我也无从参考,来不及做笔记,于是就边听边强行记忆。久而久之,我对校长的发言内容已经耳熟能详,对校长的教学理念也了如指掌,仅凭着记忆就能写出长篇的发言稿。校长看了很吃惊,有时便一字不改。于是校长出门讲课就带上我,我俨然成了校长助理。一次,听办公室主任说,校长曾向他说有意培养我当副校长。

就这样干了一年以后,正当我踌躇满志,准备大展雄才之时,校长卷款跑路,学校也垮了,我的副校长之职随之化为泡影。

我和梅只好又回到家乡的县城,当初就职的高等学府已经被市一中占领,高大上的建筑物成了他们的地盘,据说成了实验室。看着那架飞不起来的"直升机",我心中充满惆怅。梅竞聘进入市实验中学,依然当她的生物老师。我

 平凡之路

被收编进教育培训中心,因为学生不多,课程也不多,只有几个教师上课,我又成了拿工资不干活的教师。

就这样守着教师的铁饭碗终老,还是另谋出路,挑战自己?这是摆在一个刚届而立之年的青年人面前必须思考的严重问题。

第一部分 抉择：从教师到律师

重拾法律梦

> 如果不逼自己一把，你永远不知道自己有多大潜力。
>
> ——题记

学校的日子相当安乐！

下午刚过三点，就听见楼下有人喊："打球去啦！"于是，三幢家属楼里的篮球爱好者十几个人就准时地出现在篮球场上。

打完篮球，就有人吆喝着去喝酒。有人买酒，有人供菜，有人上煎饼，喝酒吹牛，一个晚上就过去了，一天也过去了。

有一天，我猛然醒悟：自己就这样碌碌无为过一生吗？就这样在这里安乐地死去吗？一个偶然的机会，我听一个朋友谈起法律硕士的事情，说是会专从非法学专业中招生。这又燃起了我的法律梦！

其实，我心中一直有一个法律梦。或许是我小时候，村里有人吃过官司，大家都不知道如何是好。我当时就想，长大了当一个法官就好了，可以为民申冤。法律梦一直伴着我，却几次擦肩而过。我报考大学，填过法律专业，却被鬼使神差地安排进历史系。大学毕业那年，我报考了两个与法律专业有关的研究生和双学位考试，结果也是失之毫厘。

考法律硕士！这个念头闪过以后，我就觉得不太现实。现在是老婆孩子

 平凡之路

热炕头,居家过日子是不是不该有这种野心啊?我把这想法告诉老婆的时候,是带着开玩笑的语气说的,没想到她认真起来。

她知道,我一直有一个梦想没有实现,我在这个远离梦想的尘世里工作和生活着是多么的痛苦!如果她反对我,我可能一辈子就会在这个小县城低着头过日子,终生郁郁不得志,最终她毅然表示坚决支持我!

获得了家人的支持,我就开始行动。可是,一个大学毕业七年内,从未用过英语(虽然大学时已过英语六级),从未学过法律,还带着老婆孩子的男人,要如何备考法律硕士研究生考试?这一年里,我拿出三分之二的时间来学英语(后来考学求学的事实证明,英语把我害苦了),没有英语教材就背英文词典,疯狂地学习,就连炒着菜,包着水饺,嘴里还在念念不忘地背单词。好在这时有了法律专业教材,可以进行系统地学习,通过扫荡式的研读,我很快就掌握了大部分的法律知识。政治的复习却没有费太大的功夫。

儿子从小是个"夜猫子",总是要折腾到凌晨以后才肯睡去。老婆为了给我创造一个安静的学习环境,经常带着儿子串门,从这家到那家,直到很晚了人家要休息了,只好出来再去操场上转圈,冬天也不例外。所以我不能偷懒,也不能休息,乏了困了,就使劲地拧大腿,打自己耳光,坚持学习直到深夜。

有一天,或许因为学习进入了"走火入魔"的境地,半夜如厕时,迷迷糊糊看到后阳台有一个黑影,心里咯噔一下,心想:坏了,进来贼了!我就往后缩,那身影也动。老婆问我:"怎么啦?"我打了一个手势,小声说:"别出声,有贼!"我担心惊醒了儿子,蹑手蹑脚地找"武器",当我走出卧室时,才发现那个黑影原来是我自己的影子,是楼前的路灯从窗子里照进卧室,把我映在了客厅里,我动他就动,我不动他就不动。后来,这个事迹成了老婆经常拿来取笑我的材料,她对我是否能够考上研究生表示极大担忧和质疑。

我第一志愿报了清华大学的法律硕士,别人都说我是在破罐子破摔,报

高一点失败了好交代,其实却也暴露了我的野心。我想,我付出了这么多努力,不考一个好学校,怎么对得起家人,对得起父母,对得起自己?八年前大学毕业时还敢报考名牌大学,现在为什么不敢?我就郑重其事地写上了清华大学,而且没有报第二志愿。

"苦心人,天不负,卧薪尝胆,三千越甲可吞吴。" 2003 年全国法律硕士联考成绩出来了,我的笔试成绩超出清华大学法学院复试分数线 16 分!

狂喜之余,我不知道怎么准备接下来的面试。唯一的准备工作就是我向同事吕老师借了一个手机,还没有学会怎么接打电话就匆匆去了北京。后来才知道人家都到专门的面试辅导机构学习,面试是需要技巧的,是需要培训的,我当时就带着一张白纸似的大脑去了。

我住在清华园的一个学生宿舍里,少不了去体验一下朱自清先生的荷塘月色,吟唱几句诗文;少不了去拜访一下吴晗先生的雕像,缅怀这位学者;少不了漫步在水木清华的苍松翠柏之中,体会其中的文化底蕴。

一个晚饭后的黄昏,我正沉醉地走在有浓厚文化氛围的小路上,不料前面一个学生大喊:"抓贼!"只见他一个箭步扑向灌木丛下的一个黑影,我本能地跟上去,上前和他一起按住了那个家伙。只见那人手里拎了一大袋子脚手架的钢管构件,显然是从清华大学校内工地上偷的。学生问我:"你有手机吗?"这下手机可有用武之地了,我说有,赶忙掏出手机,按照他报的号码拨出去,电话却打不通!他急急地跟我说:"加区号!忘了拨区号!""区号多少?""010!"我加了区号,不一会儿来了一群学生会的学生,一起把那个偷东西的人带走了。和我一起捉贼的那个学生不忘回头对我说一声:"谢谢!"这是我借来的手机使用的唯一一次机会。

当晚,辗转一夜没有睡好,我一直琢磨在这个令无数学子神往的知名高等学府发生在我眼前的不和谐的一幕。这一幕完全破坏了我刚刚培养的一点

 平凡之路

点文化细胞和文学情怀。

第二天就是面试。

清华大学的研究生复试,据说是最为奇特的,也着实让我见识了一番。第一轮是口语测试,全校各专业参加复试的考生集中到一个礼堂,当场抽签,两个考生一组,按照抽取的话题进行英语口语对话。我还没有落座,老师就开始点名:"张刚!"这一叫,差点把我吓掉了魂,满满的礼堂足有上千考生,为什么偏偏第一个叫我?这一叫,决定了我的命运,20世纪的英语教学几乎都是"哑巴英语",我和另一个口语也极差的考生不知所云了一通后,大汗淋漓地走了出来,心情着实糟透了。

第二轮是笔试,试题囊括天文、地理、政治和历史,甚至还有科技知识,最后是作文。考试并不难,但是我没有做完,前面写得太详细,作文就没有时间写,哪怕宇宙人都知道,写作是我的强项,可是被老师抓了卷,英雄无用武之地,我欲哭无泪。

第三轮是面试,五个考官轮番对我轰炸,其中一个考官问我,一个三点水加一个来,念什么?接着问一个三点水加一个去呢?我差点被蒙住,回答只是慢了半拍而已。

听人讲过,研究生复试就是走过场,差不多都能录取,如果没有什么闪失的话。清华大学是最早一批通知复试的高校,应该也是复试最为严格、差额比例最大的高校。我参加完复试刚刚回到家里,北京的"非典疫情"就暴发了,全国其他高校都实行线上复试。

第一部分 抉择：从教师到律师

三十二岁出关求学

> 每到一个陌生的环境，要去努力适应它，适应了，它就是你的家。
>
> ——题记

辽宁大学法学院的复试我就是通过网络进行的，做了几道问答题就提交了，不久就寄来了录取通知书。

我最初不想调剂志愿，决定明年继续报考清华大学。我是以微小的差距落榜清华的，英语口语得了 2.5 分，满分 5 分，3 分就及格。意料之中，也是情理之中，一个三十好几的大男人怎么和这些新时代的应届小姑娘小伙子们竞争呢？我相信再给我一年，应该没有任何问题。后来家里人就劝我，好歹有个学校录取你，你就去吧，年纪也不小了，万一明年有什么变化呢？

我辞掉了工作——这个让我为之奋斗八年的铁饭碗，这里有我的迷茫，有我的苦闷，有我的软弱和无奈，也有我的抗争。我走了，带着老婆和四岁的儿子踏上了出关的列车；我走了，义无反顾地离开了这个地方；我走了，干干净净地，什么东西也没有带走；我走了，带着对前途的美好憧憬和希望。临行前，我从未向自己的子女表达过情感的沉默寡言的父亲，一直跟着公共汽车走出很远，我从车窗望出去，看到父亲在偷偷地抹眼泪。在父辈人的眼里，

 平凡之路

关外的东北是一个十分遥远的地方,仿佛这一走就是永别一样,前途未卜。

我们一家三口是比辽宁大学录取通知书规定的开学时间提前一个多月来到沈阳的,一是为了在学校附近租一个房子,二是为了给老婆找一份工作,三是为了给儿子找一个幼儿园。老婆不是陪读的,是带着艰巨任务来的,我辞掉了工作,没有工资,成了名副其实的学生,儿子正好要上幼儿园,老婆要供养两个学生。

能够尽快找到房子是一件非常幸运的事情。我们本打算先住在学校附近的宾馆慢慢去找房子,不料宾馆的一位服务员大姐给我们介绍了她朋友的一个一居室的房子,我们于是很快签约。房子就在沈阳著名的风景区北陵公园附近,月租是450元,尽管是开放式的没有院墙的楼房,但是比较方便,离我的学校也不远。周围是花园式的风景,后面还有一条河,叫新开河,仿佛预示着我们来到沈阳就是重新开启美好未来的生活。关键是隔一条街有一个乐购超市,那是我有生以来第一次见到的大型超市。以至于我挑好了一件短裤随意搭在肩上,没找到结账的柜台,却随人群差点走出通道时,被保安截住了。他说我的商品还没有结账,让我到那边结账。我至今也要感谢那个敬业同时善良的保安当时没有把我当贼抓起来!

我收拾好家当后的第一件事就是在自行车修理铺淘了一辆二手车,然后骑着自行车去商店采购生活用品,不幸在回来的路上迷了路,这还不是关键,可气的是车子一颠簸,把刚买的暖水壶颠下来摔碎了。我又回头去找商店,找了半天,又重新买了暖水壶找到家时,老婆和儿子在楼下已经急得团团转,那时没有手机可以联系,只能是干着急。我没敢说摔碎暖水壶的事情,只说自己迷路了,把老婆和儿子笑得前仰后合。

给老婆找学校的第一站我们去了铁岭,一个传说中是大城市的地方,去了才知道名不虚传。老婆要应聘的一家民办学校,是在离铁岭还有二十千米

的森林深处，是一个部队旧营房改建的。校长亲自面试，当即决定要录用。我赶忙把老婆叫到一边，回头对校长说再商量商量吧，就赶紧逃离了那个地方，我们在学校门口等出租车等了一个多小时，才等到一辆过路的大巴。我怎么放心把老婆一个人留在这个前不见村后不见店的与世隔绝的地方？

继续寻找、应聘、面试、讲课，一路过关斩将，老婆终于确定留在一家民办学校，唯一的缺点就是有点远，学校位于沈阳郊区，坐公交车单程要两个小时。我们也知足了，比铁岭近多了。来沈阳前，我还联系过在大连的一家中学当教导主任的大学同学，想求他把老婆安排进去打个工什么的，在大连肯定比在山东泰安近多了，周末可以见见，后来看同学很难为情的样子，我也没催他，就不了了之了。再后来我们才知道沈阳离大连有四百多千米呢，那时也没有高铁，火车要走六个小时。

给儿子找幼儿园也是很纠结的事情，找了几家，都不是很理想，要么是远的问题，要么是钱的问题。我们住的附近就是辽宁省军区，军区里有一个幼儿园，就叫辽宁省军区幼儿园，非常高档的样子，但是学费很贵，一个月600元。600元是一个什么概念呢？当时老婆一个月的工资是1500元，我们的房租是450元，加上水电费要500元，儿子的学费如果是600元，这样就要花掉1100元，剩下400元就是我们一家三口一个月的生活费。

经过再三的思想挣扎，我们一致决定让儿子上辽宁省军区幼儿园，勒紧腰带，我们自己再苦也不能苦孩子。我小时候家里穷，父母给不了我好的教育，全靠我自己的造化。轮到我的孩子，我必须竭尽全力为他提供好的学习条件，今后是否成器，先不去考虑，全靠他自己的造化。

平凡之路

一个老师两个学生

> 老人说,人没有受不了的苦,却有享不了的福。趁年轻多吃点苦,为了以后的福。
>
> ——题记

我每天的任务就是早晨去幼儿园送儿子,送完儿子就去学校上课,下午要去幼儿园接儿子。这是我一天的有规律的行程。

送儿子上学是一件很悲催的事情,每次送儿子到幼儿园门口,他都会紧紧抓住我的衣服不放,边喊爸爸边哭,最后都是强壮的女汉子老师强行从我的怀里把儿子抢走,儿子撕心裂肺的哭声不绝于耳,让我在上学的路上久久不能释怀。于是下午我就早早地等在幼儿园门口,大门一开,第一个跑出来的几乎每次都是儿子,他跑得飞快,一下子扑到我的怀里。儿子从小就跑得快,这一点在军区幼儿园发挥得淋漓尽致。幼儿园的孩子放了学,家长们都会在幼儿园门口广场让孩子们疯玩一阵子,这时家长们就聚在一起聊天,军区幼儿园的家长大都是有身份的人,彼此会问到工作情况,他们知道我还是学生时,就会产生一种同情的眼光,我也知趣,就自己远远地站在一边看着儿子。儿子和他的同学们有时玩游戏,有时也会打群架,我不明白家长为什么不管,甚至纵容孩子。儿子那一伙若是占了上风,他会冲在最前面,把人家赶得屁

滚尿流的，一旦他们输了，他比谁跑得都快。或许儿子后来在学校运动会百米比赛中每次都是第一，就是幼儿园打群架训练出来的；抑或是身在异乡为异客的不安全感，让儿子练就了一种特殊的生存本能。

他们还经常去玩一个滑梯。那个滑梯很高，滑道很长，而且弯弯曲曲，儿子同学玩得多了，自然不怕，儿子却不敢玩。他天生胆小。

我叫他上去，几次三番后他终于鼓起勇气爬上去了，却站在平台上面不敢滑下来。

"滑下来！"我大声喊。经过儿子身边的同学们纷纷自豪地看他一眼，然后很神气潇洒地陆续滑下来。

"我怕！"儿子在一边哭着说。

"别怕，闭上眼睛，滑下来！"我有点生气了，大声说。

"我不敢！"他还是站在那里不动，抹着眼泪。

我有点气急败坏了："你现在马上滑下来，如果你不下来，我就走了，再也不要你了！"我做出要走的姿势，在家长众目睽睽之下，只恨儿子不争气。

"爸爸——"儿子急得大哭，但他没有退路，退路已经被同学们堵住。

他看我要走的样子，一下子跳到滑梯里，瞬间滑到地上，爬起来就跑到我身边，抱住我不放，边哭边喊："爸爸，你不能不要我，我听话不行吗——"

我一把把他抱到自行车的前梁上，边走边说："这不是很棒吗？以后还怕吗？"他连连摇头，一直在流泪。

出了幼儿园，我一如既往地带儿子去门口的一个风景名胜——北陵公园，那是皇太极的陵园，风景优美，有青青的湖水，有古老的松柏，有古典的建筑，更有热闹的跳广场舞的人群。公园是收门票的，但在每天下午六点以后是免费的，因此我会在每天下午接了儿子后在公园门口等一会儿，到了六点以后就可以骑着自行车，驮着儿子进去遛一圈。我们走在公园内宽广的大路

上,这时人流稀少,正好夕阳斜照,照在苍松翠柏之间,照在红墙绿瓦之上,照在我和儿子的自行车上,很有诗情画意。我们就在诗情画意中畅游,不用在下马碑前"下马",不用在人群里自卑。

我偷偷看看坐在前面的儿子,他幸福微笑的脸颊上还有明显的泪痕,其实我的心里何尝不是在流血啊!我也在为自己的自尊心而自责。

沈阳的冬天是冷酷的,难熬的,每年足有一半时间是冬天,积雪几乎大半年不化。2004年的冬天据说是沈阳百年不遇的严冬,最冷时到零下30度,且冬天的时间很长,被我们赶上。

我每天早晨把儿子裹得严严实实,只露两只小眼睛,放在自行车前梁的座位上,然后使劲地蹬着脚踏板,骑在冰冻的马路上。经常是一不小心就摔倒,好在我们都穿得很厚,不会摔疼,相反,儿子会哈哈大笑不停,这反而成了我们的开心时刻。

但有时连续几天,自行车骑得费劲,我下来捏捏轮胎,轮胎硬硬的,有气啊!到了学校,我满头大汗,头发梢儿是凝结的冰霜。我终于忍不住去修理铺,让师傅看看我的"坐骑"究竟出了什么问题。师傅说:"你的轮胎没有一点气了,两个都没有了,怎么还能骑得动?""不会吧!轮胎很硬的,应该有气啊!"师傅告诉我,在沈阳应该用防冻气门芯,我的气门芯早就被冻烂了,轮胎冻得很硬,捏是捏不动的,捏不动不等于有气啊。

为了优先照顾我和儿子上学方便,我们就在学校附近租房子,梅的单位却很远,她要坐231路公交车,从北向南一直把整个沈阳城坐穿。那时的公交车没有空调,冬天非常冷,夏天非常热。尤其是冬天,公交车的窗子密封不严,都是透风撒气的,公交车中间还有一个连接处,风从那里吹进来,整个车子里面没有一丝暖意。老婆经常和我们讲一个现象:冬天公交车的玻璃外侧是厚厚的霜花,从外面看不到玻璃,人靠近公交车的窗子坐着,时间长了,窗外的霜花被人的身子暖化，从车窗外能够清晰地看见每个车窗上都有一个人头的影子，黑黑的，是男是女都可以分辨得清清楚楚。

她每天不到六点就出门，下午七点以后才能到家，几乎常年见不到明媚的阳光。有一天上午我学校没有课，就在家看书。到了九点，老婆突然开门回来了，进门就钻进了被窝。我惊讶地问："怎么回事？"她从来不旷课的。她不回答，过了好久才告诉我，她乘坐的231路公交车半路坏了，满大街都是冻坏的公交车，她想打出租车，可是来一辆出租车就会有一群人像蜂群一样地抢上去，根本打不上车，没办法就只好回来，快要冻死了。一连几天的天气都这样，于是她就早起，五点就出发，那时沈阳的天还没有亮。

日子过得紧了，老婆就想找兼职的工作。有一天，在乐购门口，她看到有一排学生举着牌子站路边，过去一瞧，原来是找家教的。上面写着英语、数学、化学什么的。我和老婆也做了一个牌子，老婆的牌子上面写着化学，我的牌子上面写着地理。老婆是学生物的，我是学历史的，这两门学科几乎没有学生来找，找英语的最多，其次是数学，再次是化学。我们连续站了几天，终于有家长和我们搭话了，老婆很快有了一份兼职的工作：化学家教，后来也有家长同意我试一试：教地理，一节课50元。地理是副科，需要急功近利式的恶补才行，家教也不长久，我给那个学生上了五次课就结束了。我失业了，于是再打出数学家教的牌子，很快有家长来找，又做了四五次之后，我被炒了鱿鱼，这毕竟不是我的专业！老婆的家教工作比较稳定，她每次去上课都要走很远的路，有时骑着自行车走在大雪中，几次还滑倒在路边积雪的沟里，积雪埋了她半身，但是她教的学生很有起色，成绩都有明显提升，有些学生还离不开她，不想教了还不行，非要缠着，看来她是做老师的料子，我不是！

 平凡之路

司法考试

> 在这个一考定终身的时代,我们必须坚强面对,努力克服,才有资格谈论人生。
>
> ——题记

于是我就拼命地学习,准备司法考试。2004年暑假,老婆带着儿子回山东老家,我独自留在沈阳准备司法考试。三个月的时间里,我几乎混淆了白天和黑夜,颠倒了黑天和白天!两耳不闻窗外事,一心只读司考书,没有电话,没有手机,没有电脑网络,与世隔绝!

唯有窗外军人俱乐部天天不绝于耳的电影预告宣传吵得我要命:美国大片《终结者3》!美国大片《加勒比海盗》!大热天的,关窗就热得要命,开窗就吵得要命,于是我就用棉球塞住耳道。再以后,喇叭一响,我就找棉球。

面对堆积如山的司考书籍,我下决心这几个月一定要把它们"吃"掉。第一个月我通读完司考教材,第二个月我大量做题,第三个月我重点攻克难点要点。

第一部分　抉择：从教师到律师

　　老婆儿子回来时，她们几乎不认识我了，我瘦了好几圈。我和老婆说，三十三岁的人了，脑子不好使了，如果不用别人十倍的努力，怎么能过司法考试？即使这样学习，还不见得有什么效果呢。给我两年时间，我一定能考过司法考试。

　　我那年还是很有信心的，可是当老婆陪着我来到考场，她在外面等着，我在里面做题时，突然的压力山大导致我信心大面积崩溃。

　　一出考场，老婆就迫不及待地问："怎么样？"我歪着脑袋说："累！"

　　查询司法考试成绩的时间到了，老婆催着我查，我几乎肯定地告诉她今年不可能过，因为考完后我核对了答案，前三卷都是选择题，核对后几乎每卷都不超过90分，第四卷是最难的，都是论述题和主观题，很难得高分，通过几乎不可能！算了，重新开始吧，我向老婆保证，我有信心明年一定能过！

　　同学们已经相继传来捷报，也传来失落的消息。那天下午，我接回儿子，

031

 平凡之路

终于忍不住想在老婆回来前偷偷查查成绩,也算心中有数。

第一卷的综合知识成绩 83 分,完了!毕竟第一卷的试题比较复杂,尽管我本科是学历史的,法制史还是我的强项,但是占分很少,其他知识太分散,也不好记忆。

第二卷的刑法行政法成绩 89 分,完了!自以为学得不错,怎么就差一分才及格?

第三卷的民法成绩 85 分,完了!本以为这是我的强项,用在这里的时间最多,我也最喜欢学习民法,怎么才考这点?

第四卷不用看了,因为第四卷是主观论述题,哪有得高分的?很多同学的分数大都在 80 分左右,全靠前面的客观题得分。

最后我还是忍不住,看看吧,能有多惨不忍睹啊?第四卷 126 分!

总分 383 分!

天呐!过了!过了!过了!

我拎起儿子就跳起来,不顾他惊愕的表情和被领子勒住脖子难受的惨状,一直跳啊,跳啊,跳啊!我一直跳到筋疲力尽,躺倒在床上大口喘气,儿子还没有明白是怎么回事。

老婆回来了,我还躺在床上,只是不停地流泪。她看见我流泪,以为我在伤心呢,过来安慰我说:"老公,没事,明年还有机会,我早就知道你今年过不了,你已经非常努力了!"

"妈妈,我和爸爸刚才跳舞了!"儿子大声说。

"我过了!"我大声叫起来,然后抱着老婆又跳起来,老婆也跳起来,儿子也跳起来,全家人就这样狂欢了很久。当晚决定下馆子!这是来沈阳第一次下比较高档的馆子,我们狠狠地吃了一顿火锅大餐,结账时,我很豪迈地甩给了服务员一张百元大钞,并将找回的 30 元钱小心地放进内衣兜里。

苦乐年华

> 一个人成长的环境，以及由此培养的兴趣，可能在不知不觉中决定了他未来的事业。
>
> ——题记

再说老婆和儿子暑假回老家山东时，没有买到硬座票，只有无座票。她们先从沈阳坐到济南，再从济南坐到泰安，最后从泰安乘大巴车回到老家，一路上颠簸了二十三个小时。老婆讲，她们在火车上没有座位，就给儿子找了一个座位底下的空间，让儿子钻进去睡觉，她就直接坐在地上。硬硬的地板可以忍受，不能忍受的是来来往往的人群。她只好不停地起身让道，根本没法消停一会。刚要睡着时，只听见儿子一声大叫，她赶紧去看，原来儿子伸在外面的一只脚被一个过路的彪形大汉踩上了。儿子惊恐地看着那个彪形大汉，那个彪形大汉很尴尬地立在那里不说话，老婆就说："孩子在等你和他道歉呢！"彪形大汉竟然狡辩起来，就是不道歉，最后他在车厢周围的乘客们的指责下，灰溜溜地走了。

老婆对儿子说："好人多，坏人少，咱不理他！"儿子擦了一下眼泪倒头又睡了。

在沈阳的日子虽然很苦，但我们还是能够从中找到很多乐趣。没有钱给

 平凡之路

儿子买太多的书,我就自己编故事给儿子讲。下面就是我当时给儿子创作的能够保存下来的唯一一个故事,我取名叫《生存的权利》(创作时间是2005年,后来在北京做律师时发到我的博客上,时间是2007年10月)。

    猎人的马车穿梭在幽静的树林里,发出轻微的沙沙声,而猎人的心情却难以平静,因为他连续三天没有打到猎物了。他的妻子已经怀了六个月的孩子,妻子饿,孩子更饿,他快要发疯了。

    猎人的眼睛像鹰一样巡视着周围,一点蛛丝马迹他都不会放过。终于,他发现一串脚印,凭猎人的经验,一看就知道这是一头狼的脚印,是一头不小的猎物,而且刚走过去不到半个时辰。他立刻追随着脚印往前赶,他不敢大意,手握猎枪,眼看四方,他知道狼不是好对付的东西,这一次他一定不能让它跑掉,一定让妻子饱餐一顿香喷喷的狼肉,给孩子加点营养。想到这些,他的血就冲上来,便觉浑身有了力气。

    脚印消失了!猎人发现前面有个洞口,就知道那头狼肯定躲在洞里,于是火药上足,手扣扳机,慢慢把枪举向洞口。当猎人把头慢慢探到洞口时,他的目光刚好碰到猎物射来的目光,他浑身起了鸡皮疙瘩,但奇怪的是那狼并未如他所料的一样向他扑来,而是正有气无力地趴在地上,大口地喘着粗气。猎人定睛一看,原来那是一头怀了崽子的母狼,而且眼看就要临盆了。猎人一阵惊喜,再次举起猎枪,瞄准狼的脑袋。

    当他看到它那圆鼓鼓的肚子时,一下子想起自己的妻子。妻子的肚子也是圆鼓鼓的,他常常用手去抚摸,有时能感觉到小生命在里面跳动,那种感觉真好。那头母狼一动也不动地看着猎人,看着猎人手中的枪,眼睛里透着哀怨的神色。他突然发现那头母狼的眼角里流出了泪水,用舌头去舔自己的肚子,猎人举枪的手有些软了,可是他又想起饥饿的妻子和未出世的孩子,

他扣扳机的手指动了一下。

猎人费了好大的劲才把狼拖上马车，然后驾起马车朝大山深处走去。马儿被猎人的举动弄懵了，但不敢声张，只好听从他的吩咐往前赶。

母狼知道向猎人求饶是没有用的，因为猎人天生就是它们的敌人，于是它想到了那匹马。

"马儿，请你帮帮我吧，求求你的主人放了我。"狼小心地对马说。

"谁也帮不了你，你这可恶的家伙。"马儿没好气地说。

"为了我肚子里的孩子，求求你，跟你家主人说，等我生下孩子，再杀了我好吗？"狼说。

"谁信你的话，你们狼没有一个好东西。"马说。

"那是人类误会了我们。"狼说。

"误会？你们没有吃人家的羊？"马生气地说。

"那是因为人类把我们的食物都抢走了，你看，现在整个山林很难找到一只野兔，山狸也没了，我们吃什么？我们没有办法才去偷羊的，我知道我们不对，可是不这样我们会饿死的。"狼说。

"那为什么你们还伤人呢？"马问。

"人不犯我们，我们是不会主动伤人的，人非要把我们赶尽杀绝，我们才反抗的。你说，我们要是能和你们一样，跟人类和睦相处该多好呀，我们为什么不能呢？"狼长叹了一口气。

"说的有道理，可是我还是不能救你，因为我家主人的妻子也怀了宝宝，而且好几天没有东西吃了。"

狼低头不语了。

这时，马车来到一个大峡谷内，谷内阴森森的，好像夜幕提前降临。母狼非常熟悉这个地方，因为这儿离狼窝已经不远了，它突然意识到猎人的用

平凡之路

意——想利用它来捕杀它的丈夫和孩子们,它暗暗地祈祷它的亲人们不要出来。然而,令母狼难以置信的是,猎人把他赶下马车后,掉头就走。马儿明白了主人的意思,流着泪对狼说:"狼妈妈,我家主人放你了,你走吧,以后别再伤人了。"母狼感激地点点头,拖着沉重的身子消失在山谷中。

猎人还没有走出山谷,夜幕就降临了,猎人突然打了一个激灵,他朝四周山上一看,到处是绿油油的光,正向他射来,他马上意识到遇上狼群了!他抓起猎枪,跳下马车,对马说:"你快跑吧,我跟它们拼了。"这时狼群里发出此起彼伏的叫声,猎人知道这是进攻的号角,他催马儿快跑,他端起了猎枪。

这时,身后传来一声刺破天际的嗥叫,突然狼群消失了。

第二天清晨,猎人开门,发现院子门口摆放了几只不知被什么东西咬死的野兔。

后来,猎人携妻子和孩子走出了森林,从此不再打猎。

听完故事,儿子感动得哭了!这之后儿子特别喜欢动物,不管什么动物,从电视上的恐龙,到奶奶家里的小狗,都是他的朋友。奶奶家曾经有一只好斗的公鸡,串门的人去了都会被这公鸡追得飞快跑,别人都怕它,唯独儿子不怕,他们成了朋友。半年后儿子再回老家时,找那只鸡,却不见了,听说被奶奶卖了,他大哭了一场。在北京时,他养了一只乌龟,因为要搬家去上海,不舍得给别人,火车又不让带,他就偷偷装在口袋里从北京带到了上海,小乌龟跟他坐火车跑了千里,儿子说:"乌龟省了一张火车票。"在上海闸北住公寓的时候,一天儿子放学,进门就从口袋里掏出一个东西,拿给妈妈看,吓得妈妈大叫不止,原来儿子手上拿着一条蛇。我问:"从哪里捡来的?"儿子说:"马路边有人在卖蛇,我见有人买了直接放进酒瓶里了,泡酒喝,我身上就这些钱,就买了一条最大的。"妈妈惊魂未定,让儿子赶紧把蛇拿走。我壮着胆子过去看，是一条黑蛇，滑溜溜的，很瘆人的，我打了一个激灵。我问儿子："你打算怎么处理啊？反正我不能把它泡了酒。"儿子说："你想得美，我养着。""那可不行！"妈妈急了。儿子伸手把蛇递给我，说："爸爸帮我先装在鱼缸里，晚饭后我们去放生吧。"我努力地控制着内心的恐惧，只是控制不住哆嗦的手，迅速地完成了任务。晚饭后，我和儿子把蛇送到了草丛里，看着它不见了。事后，老婆问我："你不是说过你最怕蛇的吗？为什么还敢拿呢？"我说："是的，但是看到儿子不怕，我还敢怕吗？"说完，我又打了一个激灵。

在沈阳，因为没有钱给儿子买玩具，就自己制作玩具，比如鞋盒子，比如食品的包装，都成了我们的素材。我们用剪刀把纸盒子做成各种动物，后来就发展成手工制作，用胶带粘贴纸壳，制作成各种动物模型。那时儿子最爱看《蓝猫淘气三千问》，恐龙成了他的最爱，他也成了恐龙的制作高手。有时候，做着做着，原材料缺乏了，我和儿子就去路边的垃圾箱，赶在捡破烂的人之前，找到比较合适的材料，有时看见人家窗户外边扔着鞋盒子，就顺手捡来变废为宝。再后来，发展到手工加绘画，这和后来儿子展现出来的绘画兴趣和才能不无关系。他的手工制作也是棒棒的，后来发展到制作立体的模型，再加上色彩和装饰，有模有样的，家里俨然成了恐龙的世界。

"原材料"是稀缺品，经常供不应求。有一次，一家老乡和朋友邀请我们全家去做客，他们住的是豪华大房子，儿子偷偷问妈妈："为什么他家的房子这么大，咱家的这么小呢？"妈妈说："你没发现咱家有自己做的恐龙，他家没有，是吧？"儿子若有所思地点点头。

离开时，阿姨问儿子："你喜欢什么玩具？尽管拿走！"她家儿子的玩具堆积如山，让人眼花缭乱。

儿子指了指门口废弃的纸壳子问："阿姨，这个我可以拿走吗？"

 平凡之路

就是在这样的环境下,儿子对画画产生了兴趣,对手工制作表现出了天赋。这些仅仅是业余爱好,没有经过任何培训,却让他在后来的上海市机器人大赛中获得手工制作组一等奖。后来儿子在申请美国的大学时,提交了自己绘画的系列作品,以及艺术成长之路的陈述,很快获得八个大学的邀请函,他最终选择了有自己喜欢的插画专业的大学,这个大学的插画专业在全美排名数一数二。这是后话,暂且不表。

后来我一直在想一个问题:是我的不懈追求和曲折的平凡之路成就了儿子的健康成长和成才,还是老婆和儿子的陪伴给了我动力成就了我的事业?

在沈阳求学三年,我们搬了三次家。最初那个离北陵公园很近的房子周围确实有不错的风景,但是没想到却存在着一个巨大的安全隐患。

入学第二年的夏天,一个下雨的夜晚,我正睡得迷迷糊糊,听见老婆打了几下蚊子拍,喊我:"醒醒,家里进来人了!"我一下爬起来,问:"在哪里?"我们起身到小客厅和后阳台,看到客厅的凳子是倒着的,看到后窗户的窗子和纱窗是开着的,同时看到窗台上有脚印,更可怕的是阳台地板上横放着我们家的菜刀。我们赶紧看看家里少了什么东西,老婆的包被翻了底朝天,幸好没有丢值钱的东西,看看我的司法考试的书籍还在,没动。坏了!我挂在墙头上的裤子不见了,后来在后阳台楼下发现了我的裤子,幸好裤子里也没有东西,唯独一条新腰带不见了!盗贼唯一的收获就是我的裤腰带!江湖上传闻的贼不走空的规矩,让我见识到了。

报警!警察来看了看,说今晚报警的,你们是第三家,同一个盗贼一晚光临了三家,但是你们家的损失最小。其他几家被盗的都是现金,最高的是3000元,你们是不是白天去银行被跟踪了?我一想:对了,我白天去银行取款准备交房租呢。于是我赶紧到抽屉里找房租,还好450元还在!警察临走时小声说:"这家房子已经被小偷光临四次了!"我们只好搬家。值得一提的

是，在第三年住在第三个房子里的时候，我和儿子的"坐骑"，那个忠实的"仆人"，陪我们走遍大街小巷的老式自行车被盗了，儿子哭了好一阵子。

研究生的第三年，是我该考虑以后做什么的时候了。摆在我面前的路有三条：一是考公务员，包括法官、检察官；二是做律师；三是进学校。其实，我是从学校出来的，还是想回到学校，回到体制内，我的理想职业是当个高校老师，兼职做律师，首先有个铁饭碗，其次有时间的话接一点案子。为了这个理想，我就拼命地写文章，写书。一年时间，我买了三十多本法律专著来看，每天泡图书馆至少四个小时，夜以继日地看书写作。后来我在正规期刊发表了五篇学术论文，并和我的导师张弘老师合著出版了一本专著《行政解释论：作为行政法之适用方法意义探究》。

在研究生的三年里，张弘老师给我的帮助很大。张老师是一个讲课从不带书从不看讲义的老师，他常在教室里转来转去，侃侃而谈；张老师是一个下午上课能把昏昏欲睡的学生唤醒的老师，他激情高昂，活力四射。张老师知道我拖家带口去上学不容易，平时就给我找一些活干，当然是有报酬的那种，比如查找资料、文字录入等。在他的指导和帮助下，我发表了不少的学术论文。我研读过梁慧星教授的《民法解释学》，拜读过董暤的《司法解释论》，我的研究生毕业论文就以行政解释研究为题，后来突发奇想，何不把毕业论文写成一本书？我要写一部《行政解释论》的想法获得张老师的认可。在他的指导下，果然就写成了。据不完全统计，当时全国法律硕士研究生读书期间能够写成书的学生，是为数不多的。

《行政解释论：作为行政法之适用方法意义探究》这本书在张老师的帮助下，终于在2007年5月份在中国法制出版社出版发行。这本专著几乎是填补了行政解释的法律空白，以至于我国著名的行政法学大家应松年教授为这本书写序，以至于辽宁省政府法制办主任看后感叹说，看完这本书，他才真正

 平凡之路

知道什么是行政解释。

我满以为有了这些学术成果，就可以找一家哪怕三流的高校任教也行。可是，几乎没有任何机会。唯一有一次，北京的一家民办职业学院，位于一个离北京市区很远的地方，通知我去面试，结果有六个应试者，其中两个是博士，一个是海归，我们都去竞争一个教务处的职员，我自然成了炮灰。

公务员是有年龄限制的，我毕业那年是三十五周岁，很多岗位限制最高年龄就是三十五周岁，再加上我不是党员，所以很多岗位没有报名资格，也就作罢。

不是通过司法考试了吗？是的，幸好过了司法考试，做律师是我最后的退路。律师，其实是我一直排斥的。我一直认为律师职业需要天生的口才和良好的演讲能力，需要无理辩三分的辩论能力，需要资源和人脉。我深知自己天生缺乏口才，不善言辞，尤其不能口若悬河、妙语连珠地演讲，我没有任何资源，更别说人脉，在茫茫人海里没有人认识我。所以我对于做律师有一种天生的不自信，甚至恐惧感。

第一部分　抉择：从教师到律师

遇到一群好同学

> 曲线救国，却结识了一群志同道合的人，是我最大的收获。
>
> ——题记

那时只要有本科学历，考过一个司法考试，经过实习期就可以执业做律师。比如我，在学校里做着老师，拿着工资，复习考司法考试。如果一年不过，可以两年，两年不过，可以三年，没有时间限制，直到通过。然后人挂在一家当地的律师事务所实习，也不用去上班，一年后基本可以拿到律师执业证。想做全职律师，辞职就可以，想做兼职律师，偷偷摸摸做案子也不会有人管。离家近、无风险、低成本、可退可进，有很多选择的余地。

我为什么非要破釜沉舟，耗尽全力考取研究生，倾家荡产去读法律硕士？我为什么非要带着老婆孩子出关寒窗苦读，转了个大弯到头来还是做律师？

有人突然问起这个问题，我一时也不好回答，想半天也想不明白。如果当初我报考法律硕士之前，冥冥之中有人告诉我，你即便考上法律硕士，毕业后还是当律师，我可能会退缩。我根本不知道，自己当时考取研究生的目的是什么，前途在哪里？只是心中怀揣着一种不确定的希望而已。

但我知道，在研究生的三年里，我认识了一群好同学。

真正的同学，我认为不是通过读一个什么高大上的总裁班，或者短期的

平凡之路

培训班认识的大老板和有钱人,而是长期在一起同吃同住同学同行的患难兄弟姐妹。刚入学时我以为就是自己冤屈,差一点就被清华大学录取的遗憾让我久久难以释怀,后来逐渐知道了我们班大部分同学都是从第一志愿的名牌大学调剂过来的,他们复试时都是差一点被录取,于是心里就释然了。

尽管我没有和同学一起住学生宿舍,但是我经常约他们去我家吃饭。法学院的老书记对我说过,我是全班甚至全校,唯一在校外真正有家的学生,因为我带着老婆孩子来上学。每到周末我们会约上三五个男女同学,去我家改善生活,同学们都见证了我的好厨艺,常常是最后一个菜还没出锅,我正忙活着,前面的菜就快光盘了。我儿子也成了他们的好朋友,于是我儿子有了叔叔,有了阿姨。因为我是我们班第二大龄的男生,所以同学都叫我张哥。我这个大哥的形象不单单是沾了山东大汉的光,还因为我参加了篮球比赛,经过艰苦训练和勤力拼搏,我们班的篮球队过五关斩六将最终在全校二十四支参赛球队中取得第二名的好成绩,作为一个主力前锋,我在赛场上老当益壮的出色发挥,给同学们留下深刻印象。

他们嘴上把我当大哥,心里真的没有把我当外人。那次我们班组织去内蒙古大青沟游玩,唯独我带了家属,是经过大家一致同意的。晚上,我们住那种简易的民宿,睡大通铺,我自然去找男生一起住,儿子跟着妈妈和女生一起。我还没找到地方呢,就听见儿子哭着闹着找爸爸,非要我过去和他一起睡。这怎么行啊?那是女生宿舍,男孩子有这个特权,我可是一个大男人啊!我过去哄了哄,他还是不睡,硬是要我挨着他睡,我正在一筹莫展之际,有女生提议:就让大哥在这里睡吧。其他女生也都附和,反正都不脱衣服!

在征得老婆同意后,我恭敬不如从命,于是睡在最外面的墙根,儿子靠着我,然后是老婆,然后是一排女同学们。大概有七八个女生,睡前她们七嘴八舌的,我第一次感受到女生宿舍的氛围。夜深人静,我迟迟不能入睡,不是想入非非，而是担心自己过早睡着后鼾声大作搅了她们的好梦，结果第二天她们都说有大哥在，她们睡得很香。

我和我的同学们知道，我们的学校不是名牌大学，没法和北京的高校相比，因此我们十分努力。在毕业前，我们班通过司法考试的比例超过百分之八十。有一次在北京应聘一家律所时，接待我的一个是清华大学法律硕士毕业生，她是刚刚入职的，但是没有通过司法考试，我说起我们班大部分同学过了司法考试，她还有点不信呢！我望着这个当年差点成了我的同学的她，眼里流露出的是一点同情，还有一点庆幸。

优秀的人不一定都是名牌大学毕业的，虽然我们最初找工作时遇到点障碍，但是工作起来都很出色。如今，据我了解，我们班的同学有在检察院和法院工作成为骨干力量的，有在政府机关任职的，有在公司担任高层领导或法务总监的，有留美或留日后在国内高校任教的法学博士，还有担任司法考试明星讲师的。比如宋光明，据说法理课讲得很棒，有众多粉丝。当然更多的是做律师的，董冬冬同学是其中的代表，他创建了盈科上海后，又创建了瀛和律师机构，等等。他们在各行各业遍地开花，都是值得我骄傲的同学。

和优秀的人一起学习和成长，是我的荣幸，能够结识这么多的同学，是我三年最大的收获。这恐怕与在老家不出门考个司法考试当个律师完全不同吧，吃点苦绕点弯不算什么曲折。

拿到法律硕士研究生毕业证的那天，我内心五味杂陈，悲喜交加。喜的是，终于熬过三年寒窗苦读的生活，拥有了研究生学历，可以去追求更高目标的人生。悲的是，毕业可能就意味着失业，我需要重新就业，自谋出路，但是我的路在何方？

 平凡之路

地下室的北漂时光

> 有时候,改变命运的时刻,可能就是你再坚持一点点。
>
> ——题记

北京,是我们大部分同学首选的就业地点。尽管那年,老婆劝我去上海,因为她是华东师范大学毕业的,自然对上海情有独钟,但我们还是选择了北京。

2005年12月16日,我和两个同学结伴踏上了去北京的列车。第一站就是北京展览馆的招聘会,我记得招聘会是八点开始,我们不到六点就站在门口排队,因为火车到得早,又没有地方落脚,我们就直奔会场了。北京的冬季虽然比不上沈阳严寒,但是北方冬天的清晨,加上第一次自主择业的迷茫,站在展览馆紧闭的铁门前,我内心感觉到极度的无助和战栗。我几乎在每一个和自己专业沾边的招聘柜台都递上自己精心制作的简历。这些简历瞬间被湮没在清华大学、北京大学、人民大学、政法大学、外经贸大学等毕业生堆积如山的简历中。

接下来就是等待面试的电话。我最初住在北京师范大学的地下室,和一群艺术考生住在一起。但是地下室没有信号,我担心有面试通知,打不通我的电话,于是就在操场溜达,时刻等待电话。室外天太冷,冻急了我就去体

育馆看篮球队的训练，但是常常被看门的大妈赶出来，于是又去餐厅待一会儿。餐厅坐久了味道太大，于是又换地方，每天就这样在北师大的校园里不停地转换阵地，在期望中等待电话，哪怕来一个骚然电话也好啊，但却没有！

一个人住在北师大地下室，孤独和寂寞时常侵蚀着我无助而脆弱的心灵。突然想起原来的同事说起过，我们市教师进修学校的一个姓王的年轻老师，很早去了北京做律师，做得不错，因为大家看到他开着一辆蓝鸟轿车回老家过春节，都羡慕不已。我当时对于律师行业一点也不了解，包括律所的名气、律师的收入、专业领域等，一概不知。老婆就建议我联系一下他，了解了解律师行业情况，毕竟都是老乡，他不会不帮我吧。于是我拿出从同事那曲曲折折拿到的手机号码，拨通了王九成的电话。我先自我介绍一下，说明了目前的处境，我以为老乡见老乡，两眼泪汪汪，不料，他说现在很忙，让我等他电话，就撂了电话。我等了一个星期，还没等到他的电话，我以为他确实很忙，于是我就又拨通了他的手机，那边嘟嘟地响，就是没人接。一连打了几次，都是这样，第二天再打，还是这样。我就在想，律师看来确实很忙，这个行业看来不错，做律师也可以考虑。后来我再也没有联系他，当然他也没有联系我。

我于是将简历投向更多律所。第一个通知我面试的是东铁营附近的一家律所。负责面试的看模样是一个大牌律师，他给我出了一个问题，是关于行政诉讼的案子，很可能是他当时正面临一个难题，我给出了法律意见，他非常吃惊。他问我导师是谁，我说张弘。他说："不认识。"我就介绍起张弘老师，我说他可是辽宁省行政诉讼第一人！他一般代理的案子都是政府部门的，偶尔接几个老百姓的案子，为民伸张正义，收费至少在 5000 元！这句话，让这位大牌律师决定不录用我。他问："你觉得一个案子收 5000 元律师费很多吗？"我走出这家律所，就是想不明白：一个案子收 5000 元，不多吗？

平凡之路

面试结束出来已经是黄昏,忘记是什么原因我口袋里就剩下3元钱,我过天桥时给了讨饭的老人一个硬币,买了一瓶矿泉水花了一个硬币,剩下1元钱我有自信可以回到宿舍。我知道绕三环前行的300路车一元钱就可以坐到终点,但是当时不知道为什么300路车到了十里河站就不走了。乘客都要下车,再重新买票上车,从十里河到北太平庄还有很大一段距离呢!没钱了,怎么办?不好意思和人借,也没学会逃票,只好步行回去。我记得那个晚上,我从六点开始走,沿着东三环走到北三环一直走到北师大,回到住处已经是晚上九点多。一路上,我想得最多的问题就是:这个大牌律师一个案子到底多少律师费啊?他一年到底能挣多少钱啊?

后来我搬到德胜门附近的地下室,那里有我的很多同学,包括董冬冬,地下室住的都是全国各地来北京找工作的难兄难弟难姐难妹。

地下室宿舍其实是车库改造的,被分割成面积不等的房间,大部分有四五平米大小,仅够安置一张床和一双鞋,月租300元,水电是免费的,大家共用厕所和洗手池。但墙都是薄薄的纤维板,隔音效果极差,即使邻居家窃窃私语我也能听得一清二楚,没有任何隐私。但是毕竟有了自己相对独立的家,成了找工作的根据地,最主要的是相对于地上动辄2000元的房租来说比较廉价。冷了,钻到被窝里可以暖和;累了,一头躺倒在床上,不用脱衣可以一夜不动;烦了,可以一人在屋里抽几根烟,解脱苦闷。唯一的娱乐活动是,我们聚在地下室门口的传达室,站着一起看青歌赛,看得津津有味。

身体上最受不了的是地下室的潮湿和阴冷,洗的衣服只能拿到地面上去晒,地面上没有晒衣服的地方,我就拿着刚洗过的湿漉漉的衣服找一个公园,把衣服挂在树杈上。又怕被人拿走了,我就只好在公园里转悠,时而装作清闲的游客,时而偷偷看看衣服,有人接近时就紧张起来,等那人张望了半天没看明白怎么回事离开后,又放下心来,这种状态一直持续到衣服晒干。但并非每次都有空闲的树枝，去晚了，就只能放在台阶上，可是遇到下雨天就只能认倒霉了。因为潮湿，从小不吃辣椒的我开始喜欢吃辣，而且越吃越厉害，就连后来去重庆出差，吃重庆火锅也不在话下。

这里距北师大比较近，过两条马路，上一个天桥就到了，我们的一日三餐就在北师大的学生食堂解决。

每个周末，我们会改善一下伙食，地点是德胜门附近的胡同，那里有一家牛杂油饼店。要一碗牛杂汤，切几两油饼，点一瓶啤酒，有时会来一小盘牛肉，最后酒足饭饱，现在想起来这应该是我们这些同学找工作期间最幸福的时光。

黄昏，我经常一个人站在天桥上，像一个流浪儿沦落在街头，看着桥下车水马龙的街道和熙熙攘攘的人群，感慨万千：北京之大有我的立足之地吗？哪里是我的出路？

思虑到伤心处，我就给家里人打电话，家人说，要不回来吧！

就这样回去吗？我想，这样回去有何颜面见"江东父老"？

第二部分
入门：从律师助理到专业律师

 平凡之路

实习期的坚持

> 把老板对你的苛刻要求,当作人生的历练,要毫无怨言地坦然接受。
>
> ——题记

一批一批的简历发出去,几乎都是石沉大海。我也参加了很多毕业生招聘会,也都是碰壁的多,得到的机会很少。沮丧之余,我还是继续投简历、参加招聘会。

功夫不负有心人,在孤独徘徊了几个月后,终于有一家律所的主任想招助理,通过严格的筛选,我被通知录用了,月薪2000元,扣除社保基金等,每月实发1600余元。

我决定做律师了。

这家律所不大,我的老板是一个女的,比我大不了几岁。律所的全部员工有一个老板,一个行政人员(也是女的,年龄与老板相仿,北京人,兼着人事和出纳),还有两个挂名的在高校教书的兼职律师,很少来律所。然后就是我这个助理,也就是说这家律所固定的人员就三个。

老板要求很严。我进门的第一天就和我约法三章:1.二十四小时不能关机,随叫随到,一次不接电话罚款50元;2.我起草的法律文书,错一个字罚款50元;3.上班要穿正装,一次不穿罚款50元。

在最初的几个月里，我的实发工资每月超过1000的时候不多，基本上都是错别字惹的祸，更确切地说是电脑键盘惹的祸。

有一次，晚上十一点多了，我正睡得香，朦胧中听到手机的震动声，幸亏手机放在枕头边，我及时拿着手机走出卧室，一看是老板的电话，赶紧接。老板命令我立刻动身，尽快赶到昌平区回龙观的一个职业学院，那是我们的一家法律顾问单位。我便从床上偷偷地溜走下楼打车赶去。原来是要处理这家法律顾问单位人事变动的危机，我们紧急召集了学校领导班子开会，连夜通过了一项董事会决议，化解了一场危机。我回到家时，已经是凌晨两点。这期间老婆找不到我，打我手机我也没接，回到家才和她解释，她反而不信，至今她还怀疑那天深夜我究竟去干了什么。

女老板是南方人，喜欢喝茶，所以我每天上班来第一件事就是为老板泡茶。起初，我对于老板喝茶的习惯不太了解，所以茶泡得往往不是太浓了，就是太淡了，总之就是不合她的胃口，老板就常常为此对我发火。我只好去偷偷学习茶道的知识，懂得了绿茶、红茶、白茶、黑茶、花茶，懂得了如何泡茶，懂得了什么茶什么季节喝最合适，等等。今天我喝茶的习惯还是从老板这里学来的。之后老板再也没有因为泡茶的事情对我发火，但是后来，老板的一个小表弟来律所，他经历了和我同样的遭遇。因为有亲戚关系，老板训起他来可以说是肆无忌惮，他也不作声，只是表现出很委屈的样子，斜着眼看我，以获取我的同情。两个月后，小表弟临走前用带着同情的语气语重心长地对我说："哥们，实在受不了你也走吧，不要硬撑！"

我在这个律所实习做助理一年，老板先后招聘过四个执业律师，五个助理，最长的待过三个月，最短的两天，律师大多是吵了架以后走的，助理多数是不辞而别。有人同情过我：你是如何在这里忍受的？我经常委屈，也经常产生走人的想法，但是我觉得这个工作职位来之不易，因为我的年龄、时间

 平凡之路

和机会就显得特别珍贵。更为重要的是，实习期间换律所只能重新实习，我不想折腾，想尽快取得执业证，想尽快独立执业。老板训斥我也就罢了，就连那个女行政人员，是个北京人，也经常不给我好脸，动不动就对我发号施令，提出无理要求。我至今也不明白自己什么地方得罪过她，因为她说过一句话"可悲之人必有可恨之处"，被我听到了，而且显而易见是在说我。

我有自知之明，于是更加努力，早晨早到，打扫卫生，擦桌子擦地，给老板端茶倒水，积极主动完成老板交代的工作任务，逐步改掉一些不好的习惯，争取不再出错，或者少出错，争取不再被扣工资，或者少扣工资。

老板经常在各种场合参加会议，只要是抛头露面的，她开会都带着我去。在一次研讨会上我认识了名副其实的大律师，不仅学习到律师办案的策略和技巧，还认识到做律师和做人的不少道理。

在会议上老板的演讲很有激情和感染力，这让我非常服气，同时让我自卑。

老板接下了中国人民大学法律硕士十周年庆典活动的组织和联络工作，具体工作自然都是我来操办的。其间我有幸和人大法学院的领导和法学家们频繁接触，鉴于我工作的出色表现，法学院领导在一次会议上半开玩笑地说："张刚已经成为人大法学院的半个校友了。"我激动得不得了，期盼着发个毕业证什么的才好，毕业证终究没有发，但我认识了很多的人大校友。

老板比较高调，我也为此跟着老板出过名。老板做了一个公益性的案子，是反对在怒江建立水电站，保卫怒江的主题。我们曾经策划过起诉国家环保总局，起诉国家发改委。老板让我拿着起诉状去海淀法院立案，法院没有收材料，我们也没再坚持。尽管最后都不了了之，但是有些媒体也关注到了我们的声音，我的名字也上了报纸。我第一次作为律师登上媒体，很有自豪感。

后来，老板老家发生了一件案子，是一个强奸案，几个被告人约了几个坐台小姐出去玩，后来这几个被告人把小姐轮奸了。老板为其中一个被告人

做辩护。事发后,被告人家属对受害人进行了赔偿,受害方也出具了谅解函,表示原谅。一审判决死刑立即执行,被告上诉,受害方向浙江省高院出具谅解函,建议不要判决死刑立即执行。就在老板在美国旅游期间,上诉人家属来电说,浙江省高院已经下达二审判决书,维持原判。老板让我和一名刚刚招聘的律师连夜坐飞机赶到浙江省高院,见到法官,法官说人已经执行死刑了。老板回来后,立即组织了一场死刑复核权收归最高人民法院的研讨会,与会人员有知名法学家、律师和记者。老板做了主题演讲,呼吁最高人民法院立即收回死刑复核权,我在会场组织大家在死刑复核权收归最高院的呼吁书上签名,签名的大概有六十多人。为了凑够百人,我按照老板给我的名单,逐一登门拜访征集签名,从而有幸认识了冰心的二女儿——一个富有正义感的老人。也巧,不久最高人民法院真的把死刑复核权收回。后来我一直在想一个问题:如果这个案子发生在死刑复核权收回之后,我们的当事人能否保命呢?

老板做的案子不多,但都是比较重大疑难复杂的案件,所以律师费报价都很高,对于从小地方来到大城市且初次做律师的我来说,震惊不小。有一个在山东的合同诈骗罪案件,标的额在400多万元,律师费报价几十万元,我当时觉得就是天文数字。当事人约我们过去谈,老板就派我和那名律师去了山东淄博。我记得那天是一个大热天,我们几经周折见到了当事人,谈到费用问题,当事人不同意,我们就和老板汇报,说着说着就把手机交给当事人。我们听着他们的对话火药味很浓,直到最后当事人把手机摔在地上,我才知道这个案子砸了。案子砸了,差旅费也要自己承担。手机呢?看着愤怒的当事人,我们就自己捡起手机来灰溜溜地走了。

回来的路上,我们感慨万千,认为做律师太不容易,低三下四地看着当事人的脸色,敢怒不敢言,回去还不好和老板交差。虽然不是我们的过错,但好像是我们把事情搞砸了一样,那个律师回到北京就离职了。我不能离职,

当然得继续坚持,我还没有拿到执业证,只能坚持,坚持,再坚持。

老板的律师费依然很高,当然有些案子成了,但是有些案子差点给我们律所带来毁灭性的打击。

那是一个集体诉讼的案子,是一个高档社区业主反对开发商在绿地上新建商品房的纠纷。经过我们调查取证,了解到开发商根本没有经过法定的规划变更流程就未批先建,我们就把矛头指向规划局,决定被告为规划局。为了立案,我跑了三次规划局,三次法院,法院经过一周的审查最后决定受理。接到法院决定受理该案的电话通知时,我正陪儿子在万寿寺里游玩,我激动得跪在万佛金像和释迦牟尼像面前拜了又拜。组织业主诉讼期间,开发商就开始了反击,先是对业主的代表进行恐吓和人身威胁,有些业主代表就退出了,然后开发商联合业委会对我们的行动进行抵制,最后就直接到我们律所找老板谈判。

在律所里,开发商承诺,他们可以对业主进行赔偿。老板粗略估计赔偿数额总数要在一个亿以上了,遂提出律师费按照提成收取,最后双方确定律师费大概在800万元,由开发商来出。前提是我们先到法院撤诉。双方谈妥。

到法院撤诉那天,开发商开了一辆大车,他们先从后备厢拉出一个手提箱,打开让老板看了一眼,说里面全是现金,是800万元律师费,从法院撤诉后出来就归你了。

当我们办理完撤诉手续从法院大门一出来,噩梦就开始了,原来都是圈套。

开发商的一批打手蜂拥而上,拉着我和老板强行上车,开发商的头目嘴里一边说着"上车拿钱",一边指挥打手们对我们进行人身攻击。我们见势不妙,立即转身跑向法院,有法官出来问情况,被开发商支走,于是我们就报警。警察来了,要带我们去派出所做笔录,我们上了警车,开发商他们也开车跟着来到派出所。

笔录一直做到深夜，警察的意思是对方没有对我们的人身造成伤害，他们没法处理。我们提出派警车护送我们回家，被拒绝。我们就一直在派出所和对方僵持着。开发商说了，他们就在门口等着，我们走到哪里他们就跟到哪里，直到找到我们的家和家人。我们只好躲在派出所的一个小屋里，他们在门口盯着。我去厕所，开发商也派人跟着，他们还不失时机地做我的工作，说别做助理了，跟着他们干吧，肯定比我现在的工资高。在小屋里，老板对我说，你今天表现不错，关键时候保护了我（当时我挡住了一个彪形大汉对老板的攻击），我回去给你出一个首付，你可以在北京买个房子。我心里想，你们不用拉拢我，我自有我的做人原则，走自己的路，让你们说去吧！

老板给《法制日报》①和《新京报》的记者打电话，记者真来了。有个好心的记者还为我们带来了盒饭，我们狼吞虎咽地吃下，但是开发商就是不离开。如何脱身？老板就不停地打电话求救，直到最后电话没了电。警察下班走了，《新京报》的记者走了，《法制日报》的记者也走了，我们就这样和开发商的人耗着，一夜未眠，一直到天亮。

老婆的电话也不停，估计急得快不行了，非要来救我，我说："千万不要来，开发商正要找你们呢！"她说，我不怕："我不信没有王法了。"最后我的手机也没电了。

第二天警察来上班了，问："你们怎么还没走呢？"我们说："开发商在门口盯着我们，不敢走啊！"他说："哪有开发商？早走了！"我悄悄走出派出所大门，东瞧瞧西望望，没见有人，回去和老板汇报说，开发商的人走了，我们可以撤了。

回到家，我睡了一天，人和棉絮一样软绵绵的。

---

① 《法制日报》现已改名为《法治日报》。

 平凡之路

第二天我照例去上班。

老板也去上班，只是身边多了两个彪形大汉，一个是保镖，另一个还是保镖。

老婆数落我："我们没钱请保镖，自己注意一点。"我就在附近工地找了一块铁器放在包里，一个人走路时就警惕地防备着前后左右。那一阵子，我整个人像魔怔了一样，完全没有把心思放在工作上，只想着如何成为一个武林高手，竭力回忆着我小时候迷恋武侠小说时偷偷练习过的武林秘籍。

再后来，开发商去律所几次，威逼加利诱，我们被迫搬家，律所搬到老板家门口，可能老板考虑到路途近了风险就小了。再后来这场风波不了了之。当然，老板许诺我的购房首付款再也没有提一个字。

不管老板的路数是否正确，不管老板的经验是否丰富，也不管她的管理对我多么苛刻，但她让我学会很多，这是今后我执业过程中一笔不可多得的财富。我能够做到随身装两支笔，老板用完一支扔掉后，需要时我还可以及时递上另一支笔；老板说明天九点在朝阳区人民法院开庭，我就要提前查好路线。第二天一早在律所等待，老板八点一到我就跑到马路上打车，老板下楼时我已经在出租车门口等着为她开门。出租车一停，我付好打车费就往地铁口狂奔，先排队买好票，在入口等着老板，刷完卡就去找人少的地方为老板留出上车的空间。我每次都能保证提前十分钟到达法庭门口，尽管每次老板给我留出的时间不多。

我现在还保留着身上或包里至少带两支笔的习惯；我现在每次开庭几乎都是至少提前半小时到达法庭门口；我现在写法律文书，起草完后都会认真地检查，不允许有任何的错误之处；我现在的手机都是二十四小时不关机，我现在上班都是必须穿正装。这些优良的习惯都是老板培养的，必须感谢她！她的近乎魔鬼式的训练，让我终身受益。

当我拿到律师执业证后第二天提出要离开时，老板不同意。

她说："你当初来我律所，答应过要在这里工作至少三年的。"我说："对不起，我真的想走了！""如果你真的要走，要交违约金的。"我问："多少？""3000元吧。"她说。那是我两个月的工资！

我说过，这个世界，能够用钱解决的事情，都是简单的事情。我交了3000元的违约金，不想和她理论，关于员工离职缴纳违约金的合法性问题我也不想提。我给她带来过一个案子，是老家的人在北京的人身伤害事故，案子几乎都是我自己办理的，最后调解了，她收费3万元，几乎超过她给我发的一年的工资；我也不想问，被开发商逼到派出所我们曾经一起共患难一天一夜，我始终不曾离开过她，而她答应我的首付款去哪里了？

离开了，自由了，独立了，我成了执业律师。我就像一匹脱缰的骏马，满怀激情地奔向希望的田野。

 平凡之路

最初执业那几年

> 走了很多弯路,做了很多无用功,看似都是笨办法,其实仍在最优路线上。
>
> ——题记

在北京住地下室的日子是值得怀念的,从地下室出来,住到有阳光的房子里的那天,是一个值得纪念的日子,仿佛我离开这个世界很久,刚刚从黑暗世界回到光明的地球上来。我从地下室搬出来不久,就拿到了律师执业证,拿到律师执业证不久就独立执业了。

为了庆祝这一重大时刻,我就约了董冬冬、宋光明几个同学一起喝酒。那天我们喝多了,我哭了,哭得一塌糊涂!

我们站在天桥上,看着桥下车水马龙的街道和熙熙攘攘的人群,冬冬说:"张哥,好好干,我们一定会干出一点事业来。"

我在老虎庙花园村租到房子后,老婆和儿子就来到北京,儿子在家门口的小学上了一年级,老婆进了一个家门口的培训学校。我在北京住地下室找工作的时候,老婆和儿子还在沈阳留守,直到学校放了暑假,把儿子送回老家,老婆一个人从沈阳把这三年里我们的全部家当搬到北京。那天她托运了三个包裹后,自己还随身带了六包行李,我真的不知道她是怎么做到的。我在北

京站出口接到她时，费了好大的劲才找到她，因为我怎么也没有认出来，那个两个胳膊一边挎一个包，肩上背两个包，胸前还挂了两个包的女人是我老婆。当我接过行李时，她说小心轻放！我问是什么东西，她说锅碗瓢盆都有。

我从女老板那家律所转到了离家不远的一家事务所，这家律所注册律师挺多，但是管理很松散，在律所很少见到几个律师。律师没有自己的工位，于是我就在家办公，省去很多费用，不用花工位费，不用太多衣服，在家穿得简单方便，夏天基本上是大裤衩和拖鞋，有客户约了见面，才会西装革履地穿好出门。我一般都是走着去单位，穿过风景优美的紫竹院，从庄严肃穆的万寿寺门前经过，翻过一座天桥就到了。

最初执业的几年里，日子相当艰苦。自由是自由了，可是没有案子，没有工资，压力就来了。老婆说："不急，慢慢来，我养活你。"听着这话，我心里更着急，一个大男人，花了这么多钱读了一个研究生，让女人养着，不就成了废人吗？

有人推荐，可以试试网络推广。我先后加入了中顾网、找法网和法律快车网的推广，在上面花钱买广告位，把自己的头像放在上面，有当事人找律师时可以点击进入我个人的网页，通过电话联系我。

效果果然不错。当事人电话不断，每天至少十几个电话，不分白天黑夜，不分上下班，不管我正在吃饭还是在厕所，不管我正在开庭还是在会客，也不管我在休假还是睡觉。对于当事人的电话，我是有问必答，知无不言，言无不尽。当然大部分的当事人仅仅是咨询，很多都是鸡毛蒜皮的小事，比如，自家的钥匙丢了，怎么开门？有人骂她，如何维权？炒股赔了，找谁赔偿？我都会耐心地解答，直到当事人满意为止。有时解答完咨询睡意全无，有时饭吃到一半菜也凉了不想吃了，有时端着手机的胳膊麻木了或抽筋了。

真正委托成案的当事人有多少？我真的统计过。比如一百个打电话咨询

 平凡之路

中，约着面谈的能有十个左右，签订委托协议的最多只有两个。很多客户最后能够和我签订委托协议，也是他们在咨询了十家律所，约谈了五个律师后决定的。可能是我的耐心打动了他们。所以最初做执业律师的几年里，我做得非常辛苦。我付出的辛苦远远大于我得到的回报，很多时间都是在做公益事业：免费法律咨询。

幸好老婆在北京的私立学校做得不错，她的成绩越来越好，工资越来越高，她负责的班级，一年考入清华北大的有十几个，全班百分之百地考入一本大学，所以奖金也颇为丰厚。

我在家办公，说办公是给自己一个面子，我的主要工作几乎就是义务解答网上的法律咨询，实质上属于无偿的法律援助。我就主动负担起家务，买菜做饭炒菜，接送儿子，带儿子去公园、动物园。偶尔来一个案子，收到几千元的律师费，就会惊喜地向老婆汇报，很大方地"排出几文大钱"请老婆和儿子吃一顿大餐。这时算是找到了一点做律师的自尊，挽回一点颜面。

虽然收入微薄，但是在接电话、解答咨询、办理各种案件的过程中，我在潜移默化地成长和进步。我有耐心，可以倾听当事人一个上午的哭诉，不烦不躁；我有同情心，把案子当作发生在我自己身上的事情来做，把客户当作朋友和亲人；我有恒心，再困难的事情，坚持不懈一定要做到最好；我有毅力，虽然比别人年龄大，起步晚，但是我坚持学习和钻研。

自然，我的案子越来越多，案件质量越来越好，口口相传，我的客户越来越多，我的客户质量越来越高，我的业绩越来越好。

在最初执业的五年里，我没有选择案件的资格。我没有资源，能够拿到案子养活自己就不错了，我还选择什么案子啊？于是各种类型的案子我都做过，包括不限于民事案件中的离婚、交通事故、民间借贷、名誉侵权、著作权纠纷、人身伤害、医疗事故、房地产、并购等领域，商事领域的股权纠纷、

质量纠纷等，刑事案件也做了不少，行政诉讼案件也做得风生水起，轰轰烈烈。

正是这期间代理各种案件的经验，培养了我处理各种法律问题的综合素质和能力，也为日后走上专业化道路打下基础。如同一幢高楼大厦，必须有一个坚实的地基支撑，才能够在台风中屹立不倒。比如一个建筑企业的法律顾问，或者复杂疑难案件的律师，如果仅仅是懂得建设工程领域的法律知识，没有做过其他领域的案件，遇到一个复杂疑难的案件，一旦涉及劳务、财务、工伤、知识产权以及刑事案件等问题时，一定会感到捉襟见肘，因为每一个企业，每一个案件，都需要一个具备综合服务能力的律师。

我最初接到的一个给我压力很大、在当时也很有影响力的一个案件，是在山东蒙阴县。一个家族中三个十岁左右的孩子，在东汶河玩耍时掉进了非法采砂人留下的"陷阱"，我们将张某某、高某某等三采砂村民、太保庄村民委员会、蒙阴县水利局和蒙阴县国土资源局等六被告告上法庭。《法治日报》的记者和山东电视台的人都去了，旁听的人都站满了法庭。庭审的过程，是一个受害者哭诉的过程，是一个对违法者鞭挞的过程，是对执法者进行教育的过程，是一堂生动的法治教育课。尽管最后拿到了赔偿，但是孩子永远离去，是一个无法挽回的损失，父母的创伤将是永远无法抹平的噩梦。

作为代理律师的我，感到身上的责任更大了。

平凡之路

成名之作：我为毕业生打官司（一）

> 我曾用法律的力量，试图挽回时代的悲剧，结果微乎其微，但我还在努力着。
>
> ——题记

我的办案成名之作，还是我的学生给我的机会。

2008年2月的一个星期六的中午，我突然接到一个陌生人的电话："张老师，你在哪里？"

"你是谁？"我问。

"我是刘超啊，终于找到您啦！"只听那边的声音有点哽咽。

刘超，刘超，我思考了一阵子，终于想起来了：他是我曾任教的新泰师范学校1996级的学生。

我约了他们在北京西三环的紫竹院见面，只见他们一行三人鬼鬼祟祟地从竹林里闪出来。原来是那些救过我命的学生！

他们几乎是轮流哭诉：原来他们1999年毕业后，一直没有就业，1996级的学生大概100多人，这十年期间他们几乎没有间断地上访，从县城到市里，到省里，再到北京，他们走遍了每个部门。

他们就不明白：为什么当年政府说好的毕业包分配，最后就没人管了呢？

那时的中等师范学校是培养小学教师的摇篮，中师生都是从初中毕业生中择优选拔出来的品学兼优的学生，他们家境贫穷，放弃了考大学的机会，就是为了能够早日毕业参加工作，为家里挣钱。他们当年考上中师，远近闻名，村里放鞭炮庆祝，当然学费也都是亲戚拼凑的。他们在学校省吃俭用，勤奋刻苦，取得优异的成绩，都是为了毕业后能做一名光荣的小学教师。当他们毕业后欢天喜地去报到，教育局说不包分配了，大学生都用不了，政策变了，谁还管你们？

他们拿出省教育厅发的中师毕业生就业报到证给我看，拿出与教育局签订的委培合同，拿出他们自己缴纳的委培费单据，还有录取通知书……

他们毕业后，因是非农业户口，想回农村回不去，没有土地，也没有工作。男生大部分去工厂打工，因不懂技术受伤残疾的有，因没有工作娶不上媳妇的有；女生嫁给农民因第一胎是女孩不能要二胎被迫离婚的有，因不能参加农活经常被打骂的有，女生到学校当代课老师干活多拿钱少的有……

说不完的冤情，倒不完的苦水。他们来找我，就是想请我替他们打官司！他们找了我很久，终于不知从哪个渠道获悉我在北京做律师，几经周折才找到我，说无论如何让我替他们维权。

我陷入了两难境地：我刚刚执业不久，还没有经验，更别说行政诉讼，民告官啊，还是告家乡的官！再说，学生毕业分配的事情，能否用法律手段解决？我真的很迷茫。但是面对他们近乎哀求的眼光，面对那群曾经从死神那里把我拉回来的学生，我如何张开拒绝的嘴巴？

我替你们打官司！

我声音很大，底气却不足，但毕竟给了他们再生的希望！

为了不负重托，我潜心研究行政诉讼法，读专业书，看判例，寻师访友，请教学习，再加上自己的苦苦钻研，终于有了一套成型的方案。

 平凡之路

方案是成型了，但操作起来却是难上加难，其间的曲折是当初完全没有想到的。

从第一次去中院递交起诉状到最终立案，时间花了七个月，其间我们去过立案庭不下一百次，人次不下四百人。因为被告给原告施加压力，措施不断升级，当最后法官被感动决定立案的时候，原告已从一百二十人减少到六十五人。

记得开庭的那个日子，阴沉的云层下面是巍峨的泰山，泰山下中院大门口是黑压压的人群，每个原告无论是在天南还是地北都赶回来，身后带着两三个家属，安检开辟了专门通道，但还是用了两个多小时。法庭内只能坐下二十几个人，大部分人都站着，里面站不开的，只好站在走廊里伸着脖子听。庭审现场异常火爆，整整进行了一天。休庭后，群众群情激昂，学生和家长围着法官哭诉，法官也很耐心地听，他们觉得终于找到说话的地方了，有几个女生哭得昏厥过去，有人还打了120。

等待判决的日子，是非常煎熬的日子。六十五个当事人，每人平均两天打一个电话，就足以把我的电话打爆，那个时候，我的手机常常停电或停机。我的手机一旦停机超过一小时，我的那些学生就以为我失联了，纷纷准备到北京找我，要来解救我。

2009年11月2日，泰安市中级人民法院下判决了！我们胜诉了！

被告不服，提起上诉，我们又转战到济南，2010年7月5日，山东省高级人民法院最终宣布维持原判！

至此，轰轰烈烈的山东省新泰市六十五名中师毕业生告市政府和教育局的行政诉讼一案，历时两年零六个月，以被告的败诉和原告的胜诉终于走完了法律程序，画上了圆满的句号。

这是我国"民告官"诉讼判例中具有里程碑式的典型案例，对于今后行

政不作为案件的一系列问题的解决，尤其是对于20世纪计划经济时代遗留的毕业生的就业分配问题如何通过法律程序解决具有重要的指导意义，为全国类似案件的受理与审理提供了典范。

《中国青年报》《法制日报》《南方都市报》《山东法制报》等各大媒体争相报道这个案子。随后，我相继代理了辽宁省盘锦市、河北省沧州市、安徽省阜阳市、贵州省安顺市、河南省平顶山市、山东省青岛市等十多地的毕业生告政府和教育局就业安置的行政诉讼案件，还代理了湖北省天门市三百余名民办教师转正的行政诉讼案件。有的官司一开始不受理，上诉后受理，有的官司上诉后发回重审，重审后又上诉，有的官司打到最高人民法院，还有的官司立案后不了了之，当然败诉的占多数。但是很多学生最终得到了安置，有的官司败诉后学生有了工作。

值得一提的是，有一个省的两个地方的学生找我代理，这两个地方法院迟迟不给立案，就在学生快要放弃的时候，省教育厅下发了红头文件，全省统一解决20世纪遗留的中师生就业问题，最终这些地方的学生和我解除了代理合同，律师费全部退回。他们有工作了，我失业了！

其实，在这几年的行政诉讼过程中，我付出的辛苦和承受的压力相当大，律师费却没有挣多少。看着这些穷苦的失业的学生，我只能收一点差旅费，不忍心去收高昂的律师费，有的学生连几百元的差旅费也付不起，我心一软就给他免了。有一个民办教师，身有残疾，日子非常艰苦，我把从其他教师身上收来的律师费汇给了他，还要为他保密。在代理这些群体的案件中，当地政府给我的压力自始至终存在，我坚定地站在学生和老师这边，没有屈服，没有妥协。

我记得有一个省的司法厅向北京市司法局提议，大概说，张刚律师代理的某某行政诉讼案在当地引起极大的轰动，影响广泛，请贵局做好管理和监

 平凡之路

督工作云云。随后我被北京市司法局约去谈话,我惴惴不安地来到司法局,本以为司法局会为难我,甚至不让我继续代理,没想到首都就是首都,北京市司法局的人员说,你要依法代理,好好代理,为这些弱势群体打赢官司,我们给你宣传,挺你!

正是这些朴实善良坚忍不拔的当事人的极力配合和主管部门的大力支持,增强了我做律师的信心和勇气。

自从我代理完这一系列行政诉讼案件,尤其是2012年到了上海以后,全国各地有大量的毕业生给我打电话,甚至到上海来找我,有从呼伦贝尔来的,有从广西来的,请我给他们代理打行政诉讼的官司。

虽然找我的人很多,我却并不是一个收入颇丰的有钱律师。有人说,张律师,你出大名了,为什么还没赚到钱?同时调侃说,你可能是全国最贫穷的大律师!

其实,我并不贫穷,我身后成千上万的当事人都是我的支持者和拥护者。事实证明,我在今后的律师工作中表现出来的责任心、诚实守信、善良和坚定不移的精神,为我赢得了更多的客户和朋友。

成名之作：我为毕业生打官司（二）

> 成就感，可能不是案件的胜诉，而是你顶住压力，用良心去抗争过。
>
> ——题记

官司打赢了，这群学生的命运如何呢？

他们在拿到胜诉的判决书后，满心欢喜地等待着教育局安排工作，可是一等没消息，二等也没消息，他们就坐不住了，于是拿着判决书来到教育局，想问个明白。

不料，教育局拿给他们一张纸，说这就是"处理"结果。

他们一看，上面写着《关于刘超等六十五人工作安置问题处理的通知》，教育局做出了以下四条处理结果：

一、"通知你们参加今年的教师招聘"；二、"推荐你们参加乡镇街道中心幼儿园及学校附属幼儿园的教师招聘"；三、"推荐你们到企业就业"；四、"提供专业技术培训"。

他们和教育局理论，泰安市中级人民法院的判决书中的"对原告刘超等六十五人的工作安置问题作出处理"，所谓"处理"就是对这六十五人进行分配，应当依据当时的招生和就业政策无条件地将合格毕业生带编制地安置到

平凡之路

学校成为一名正式公办教师。

教育局置之不理。

学生们在教育局几乎要疯了,甚至惊动了大批警察出动,当警察看到他们的判决书内容后都悄悄地撤走了。我在北京通过电话安抚他们,劝他们不要有过激行为,一定要保持冷静和理性,要相信法律。

为回应教育局的处理结果,我帮他们起草了《刘超等六十五名新泰中师生对教育局执行判决书的意见》,指出教育局下发这样的《通知》"属于故意扭曲法律文件的行为,是无效的"。因为教育局作出的《通知》所依据的文件都是六十五人毕业后出台的文件,根据"法不溯及既往"的原则,新出台的文件不适用于这六十五人入学和毕业时的情况。希望教育局依法严格执行山东省高级人民法院作出的判决,将这六十五人分配到学校任教,否则将采取进一步的法律行动,以维护这六十五人的合法权益。

"我们和学生的最大分歧就是对'处理'一词的看法。"教育局的负责人在接受《中国青年报》记者采访时表示,在他看来,这纸《通知》就是对法院确定的法律义务的履行。他进一步解释,"根据《国务院办公厅转发人事部关于在事业单位试行人员聘用制度意见的通知》(国办发〔2002〕35号)等规定,目前招录教师都是'逢进必考'",这个政策是绕不过去的,作为教育主管行政部门必须严格执行。事实上我们也有我们的难处,目前教育局并没有人事和财政权限,今年的教师招聘考试报名人数有七百八十人,但只有三十个名额,我们不可能违法安排这六十五人成为老师。

中国政法大学的王成栋教授在接受《中国青年报》记者采访时表示,在这起行政诉讼案件中,被告(地方教育局)对原告(六十五名中师毕业生)的工作安排处理应该联系原告的诉讼请求,联系法院对于原告的诉讼请求的确认。安置工作包括安置行为和安置结果,是一个程序和实体相结合的义务,义务完成之后就意味着原告被赋予了一种身份和职责。从这个意义上讲，教育局发布的《关于刘超等六十五人工作安置问题处理的通知》没有实质意义，因为推荐就业仅是一般性的义务，而法院判决的则是具体的义务，要求被告在判决生效后的一定期限内对六十五名原告的工作安置问题作出处理，这不是空洞的程序性的义务。

"教育局发这个文是在玩文字游戏，没有履行实质性的义务，没有考虑原告的诉讼请求。"王成栋说。

王教授的观点和我的观点是不谋而合的。

因无法认可教育局的处理结果，学生们于2010年10月11日正式向泰安市中级人民法院递交强制执行申请书。在焦灼地长久等待后，法院最终作出终结执行的裁定书。这个终结执行，意味着法院不再继续执行，意味着法院认可被告已经履行完毕判决书的内容。

在法律程序上，我已经帮他们走到了尽头。

后来，我很少再和这群学生联系，只是听说他们又去找泰安市中院理论，又去山东省高院申诉；听说地方政府允许他们参加每年一度的教师招聘考试，有些同学考进了学校，实现了教师梦；听说有些同学在其他行业干得不错，不愿意再进学校当老师，他们说打官司就是为了争口气；听说同学们在诉讼过程中加深了友谊，有的成了生意上的合伙人；还听说有的男女同学在打官司期间产生了爱情，组成了新的家庭，找到了自己的幸福。最近还听说，有些学生仍在坚持，期盼有朝一日，他们能够实现教师梦。

我不知道，我殚精竭虑给他们打官司究竟带来了什么？

后来，我每次回家过春节，都免不了会听到有人谈到这个官司，这几乎成为街头巷尾人们饭后的谈资。他们对我的赞美溢于言表，并投来由衷的敬意。但我觉得很惭愧，虽然我们在法律上取得胜利，但他们的命运好像没有

 平凡之路

得到巨大的实质性改变，相反却唤醒了他们的教师梦，他们与梦想实现曾经近在咫尺，甚至无限接近，但后来又倏地一下溜走了。我不是振臂一呼应者云集的英雄，最初可能带给他们的是希望，然后是失望，后来甚至是绝望。我以前是他们的老师，教给他们做人的道理，我现在是一个律师，我的武器就是法律，没有别的，竭尽全力想帮他们实现教师梦。

我想起了鲁迅先生《呐喊》自序里的话，"假如一间铁屋子，是绝无窗户而万难破毁的，里面有许多熟睡的人们，不久都要闷死了，然而是从昏睡入死灭，并不感到就死的悲哀。现在你大嚷起来，惊起了较为清醒的几个人，使这不幸的少数者来受无可挽救的临终的苦楚，你倒以为对得起他们么？"

然后一个声音说："然而几个人既然起来，你不能说决没有毁坏这铁屋的希望。"

中国法治社会的缓慢进程也是需要有人去唤醒沉睡的人们，不断提高他们的法律意识，引领他们走向正确的维权之路，法治才会指日可待。法治不是一个人的事情，也不是律师这一个职业群体能够实现的，是需要所有国民的参与才可能成就的大业。

从这个意义上来说，我的努力应该不是徒劳的。

后来全国各地相同命运的毕业生相继来找我，我燃起了他们对权利和梦想的渴望，很多地方的毕业生最终得到了安置，改变了命运。有当事人打电话哭着对我说，他成了一名光荣的人民教师，从而至少改变了他家三代人的命运：他父母、他和他的孩子。据不完全统计，通过官司，通过我直接或间接改变命运的毕业生数以万计，然而大多人和我都是未曾谋面的陌生人。

众所周知，在全国代理行政官司的律师不多，为什么？代理老百姓和行政机关对抗，谈何容易！压力之大，难以想象！有一年上海的政府工作报告

总结业绩时提到"上一年度作为被告的行政诉讼案件无一起败诉",可见行政诉讼的难度有多大!行政诉讼律师代理案件绝对不是为了自身利益,更多的是同情、道义和责任!

平凡之路

北京的客户成了姐

> 人与人之间的缘分，和距离无关，和身份无关，躲也躲不了。
>
> ——题记

天上掉下一个姐

我坚持一个信念：善待你的每一个客户，说不定哪一天，她就成了你的朋友，甚至是你的亲人。果然有一天，上天送给我一个姐。

2012年2月的一天，北京某著名高校的干部，叫李忻，来到律所找到我。她因为一套房子产生了纠纷，无法协商解决，最后决定走诉讼程序。房子在万柳，标的额挺大的，按说可以多收点律师费的。但听她讲，她只靠退休金供养女儿和老娘，老娘九十多岁，且身患疾病，医疗花费很大，所以经济状况比较紧张。我说，没关系，先不用担心律师费，打完了再说吧。

后来，问题解决了，既维护了双方的利益平衡，又增加了相互之间的理解和信任。事后李忻非要请我吃饭，说要谢谢我。我推脱不了，就推荐去了西三环北路的避风塘。我们正吃着面条，李忻说："张律师，我看着你就面善，值得信赖，我觉得我们有缘分。你看我比你大十几岁，我真想认你当弟弟，你愿意吗？"我说可以啊，很自然就答应了，因为这话我听得多了，就当作客套话。

我为很多人打官司都赢了,有的讨回了公道,有的争取到了巨大利益,有的甚至改变了他们的命运。可想而知,当事人说什么感谢话的都有。说完之后问题解决了,我又去认识新的当事人,去为他们争取权益,日复一日,年复一年。

不料李忻当了真,此后就常发短信问候我,弟长弟短的,要我注意身体啦,不要太累啦云云。我回:"谢谢姐!"李忻非常激动,然后在很多场合炫耀我是她弟弟,引以为豪,并介绍很多人认识我这个弟弟。

我们打算去上海发展

我带着老婆孩子从北京来上海发展的决定是突然的,说走就走,好像没有留恋,所以几乎没有告诉我的朋友、同学或者其他人,包括李忻,走的那天是 2012 年 8 月 10 号。

有人不理解,说你在北京已经小有名气,正要风生水起,为什么说走就走呢?

来上海发展其实是受了董冬冬的影响。他毕业后进新华网做了编辑,后来受到我的影响出来做了律师,我们一起办过几个案件。

记得 2008 年,我们一起为山东省肥城市的一个当事人代理一件案子,案子非常棘手。为了查清事实,我们从北京去了肥城市,先是坐火车,又换汽车,又打黑摩的,终于见到了当事人。当事人在县城一家旅店为我们安排了住处,对我们说这是当地六十年代时最好的旅馆。晚上,我们果然体会到这家旅馆的"优越性":空中飞着蚊子,像是轰炸机在盘旋;地上爬着蟑螂,仿佛坦克在进攻。我们和小动物们一直战斗到深夜,几乎一宿没睡好。第二天当事人非要带着我们去穆柯寨看看,说穆桂英的老家就在那里,可出名啦。为了工作,

我们还是忍着没去。

后来因为法院没有受理我们的诉状,我们就去找检察院,检察院也没有受理,我们无可奈何地放弃了。再后来,当事人去北京找我们要求退费,包括他为我们安排的当地六十年代最豪华的宾馆的费用,以及路边小摊吃饭的费用。我们就当为家乡人做贡献了,一分不少地全退了,庆幸那天我们坚持没有去穆柯寨找穆桂英,否则账目就算不清了。

我们就这样做了很多费力不讨好的案子,再后来因为我们的案源不稳定,冬冬就去了离他家近点的北京市盈科律师事务所,这家律所正招兵买马,大力扩张。2010年年初冬冬被派往上海创建分所。当时他邀请我一起来上海,我因为拖家带口的不方便,说:"你先去吧,如果那边确实有好的发展机会,我再去"。那年是上海举办世博会,我们一家三口五月份来到上海,与其说我们来上海是看世博会,不如说是专程来考察冬冬创建的分所。他的律所在上海火车站附近,律所租赁的楼盘很大,有两层,但是空荡荡的没有几个人。晚上我们住在他自己租赁的一个弄堂里的民房,转了好几个弯才找到,儿子和他睡客厅的地板,我和老婆睡在他的床上,不料晚上我一翻身,整个床板塌了。幸好我掉在底下,老婆掉在我身上,她没事,我可是费了好大的劲才从地板上爬起来。我使劲地揉着摔疼的老腰的那一刻,就对来上海发展失去了信心。

两年后的2012年年初,我刚刚在北京装修完新房子,冬冬又极力邀请我到上海发展,那时他正准备去英国考察,跟我讲述了他取得的成绩,以及上海的发展前景。我当时还十分不相信,他白手起家创建的律所短短两年能够发展如此神速!且已成为当地规模第二的大所,真令人吃惊。

后来我的怀疑不断地动摇,最后决定来上海时,摆在我面前的两个难题深深地折磨着我:一是儿子的学校如何解决?他正好小升初。二是老婆的工作如何解决？老婆这时已经在清华大学附属中学任教，教学成绩正如日中天，她能放弃吗？她可是当年从十几个应聘者中过五关斩六将脱颖而出的唯一被清华附中录用的老师，这个学校是多少教师仰慕和艳羡的啊！

冬冬打来电话说，有个律师的太太在一个中学当校长，他可以帮忙解决儿子的入学问题。太好了，就剩下老婆的工作问题了！我绞尽脑汁地想着如何做老婆的工作，没想到老婆平静地说："我已经向清华附中递交了辞职申请，随时可以出发，只是不甘心我们精心装修完的房子自己不能住。"

姐送给我们一套"别墅"

来上海一个月，我还是像往常一样和别人（包括李忻）发着短信，好像自己还在北京。我想，我来上海了，她在北京，见面的机会就少了，关系自然就淡了。

突然有一天，李忻发短信说："弟弟，很久没见面了，姐想请你们一家人吃饭。"我回短信："姐，我在上海出差，回去再联系。"每隔两天，李忻就发短信问："弟回京了吗？"我没回，她就再发，我只好回："回去联系你。"

两周后，我去北京开庭，打算和李忻见一面，告诉她实情。后来情况变化，没有时间见她，我就给她打了个电话。我告诉她，我去上海工作了，一家三口都去了。她听后，很久没有回应，我以为断线了，就挂了，其实那边好像有哽咽的声音。一会儿她打回来，说："弟弟，我没想到这么突然，你们就去上海了？人生地不熟的，一定保重身体，照顾好孩子。你把住址发给我，我去上海时找你们。"声音听起来很湿润。

我把地址发给她，心想：姐，后会有期啊！

我出差回到上海第二周的一天，又收到李忻发来的短信："弟弟，晚上有时间吗？我请你们吃饭。"

 平凡之路

我回:"姐忘了?我们在上海呢。"

"我在你们楼下呢。"李忻回短信。

"我们在上海呢,不在北京啊。"我回复说。

"我知道。"她回复。

我回复道:"我们回北京一定联系你。"

看来姐有点晕了。老婆和我说,李忻刚认了一个弟弟,就走了,她一时接受不了,以为我们还在北京呢。

这时李忻又来短信了:"弟弟,你打开窗子看看能不能看到姐?"

我和老婆读完短信几乎同时惊呼:"她来上海了?!"

我赶紧打开窗子,外面不知什么时候下起大雨,上海的天就这样,说下就下。打着伞和披着雨衣的行人匆匆地走在马路上。楼下不远处有一个人躲在树下,抬头张望着楼上,浑身已经淋得湿透。

李忻!那不是李忻姐吗?

她说,她坐飞机来的,她放心不下我们,来看看我们就走,没想到上海真是多雨,她出门的时候北京还是晴空万里呢!晚上我们吃过饭,聊了很多,八点的时候她突然要走,说十点的飞机,一定要回去,家里还有老娘呢。

她给儿子留下一个厚厚的红包,说给孩子买书包和学习用品什么的。她初来乍到,对上海人生地不熟的,见到我们就放心了。

望着李忻胖胖的身体很艰难地钻进出租车里的时候,我眼里的泪水和雨水流成了一条河,在心里默默喊着:姐,一路保重!

两个月后的一天,李忻发短信:"弟弟,你们国庆节回北京吧?到我们平谷的乡下来玩几天吧!"我们担心,如果我们不去北京她再跑来上海怎么办,就赶紧答应了。

有人说,平谷是北京的氧吧,果不其然,这里有万亩桃园,平谷大桃远

近闻名。不远处有北京第二大饮水源金海湖,同时也是著名的景区;北有燕山,群山连绵,森林覆盖率极高;往东有著名的京东大峡谷,有山有水,怪石嶙峋。十几千米外就是蓟县,越过蓟县就是盘山,"早知有盘山,何必下江南"是当年乾隆下江南回来看到盘山时的感悟,盘山之美跃然纸上。李忻姐的家就在平谷区大山附近的一个村庄里,是后来从通州搬过去的。她的农家院所在的村庄据说是北京最大的行政村,这里的人勤劳朴实,尤其热情好客。

我们怀着好奇心来到平谷,李忻姐带我们进入一个带有大棚的农家院,进门是一个庭院,院子里井井有条站着的是桃树、柿子树、樱桃树、核桃树、山楂树等,我都数不过来,有的已经硕果累累。绕过果树,映入眼帘的是一套崭新亮丽的房屋,里面卧室、客厅、餐厅、厨房、卫生间布局合理,家电家具样样俱全。再往里走,穿过一个小门是长长的蔬菜大棚,大棚里长满了各种各样郁郁葱葱的蔬菜,一旁还有自来水管,还在滴着水。

李忻姐问:"喜欢吗?"

老婆和儿子已经被眼前的美景吸引住了,没有听见姐的问题,我只是连说:"太好了!太好了!"

这时姐从口袋里掏出一把钥匙递给我,说:"弟弟,这就是你们的家。我琢磨着,你们做律师的太累,需要有一个地方休闲,来这儿就行了,姐的小院就在后面,你们不在时我给你们照看着。"

此后,儿子每年的暑假和寒假,我们都会从上海开车回山东老家,再去北京的农家院住上几天,这成了我们家每年的必修科目。千里之行,是为了那个大棚里新鲜的蔬菜,为了那些树上诱人的果子,为了那里清静的夜晚,为了金海湖,为了大山,更为了李忻姐。每次我们回去,姐都像过年一样张罗着,我们白天在周围的山里和湖边转悠,晚上我们聊天一直到深夜,注定无法入眠。

 平凡之路

我经常想,我哪辈子修来的福分,让上天送给我这么好的一个姐?

姐作为北京知名高校的人事干部,很有人缘,据她说,她的朋友遍天下,几乎每个城市都有要好的朋友,说起名字如数家珍,但她从不求人。姐的女儿找工作,很多人想帮忙,但都被姐拒绝,她女儿凭着自己的努力实现了自己的理想:在北京当了医生。姐能在人多的场合高谈阔论,谈古论今,也常常一个人躲在小院里,闭门不出,一个人待着。假如把姐放在一个农村的集市上,谁也不会相信她的工作曾经是专门和知识分子打交道的。

姐的心地善良。家里养了一群狗,舍不得送人,足有十几条,每条都有自己可爱的乳名,都很听姐的话,姐也常常一个人和它们说话交流,它们是忠实的听众。一个下雨天,一只老鼠被淋得像落汤鸡一样瑟瑟发抖,姐就拿了食物扔给它。后来家里来了更多老鼠,实在烦得姐不行,姐就下令让小狗们把老鼠赶出去。果然小狗就开始了工作,追得老鼠到处跑,后来家里就清静了不少。姐搬到农家院后养了五只大雁,有一天,姐在院子里的一个角落看见一只大雁趴在那里,以为是自家的大雁飞出来了,就过去拎起来放进了栅栏里,后来看着它不合群的样子,就打电话给我:"弟弟,咱家有几只大雁来着?"我问老婆,老婆说五只。姐一数是六只,就四处打听谁家的大雁飞出来了,方圆五里地几乎问了个遍,结果是没有人家养大雁。莫非是天上掉下来的不成?经过一番考察,我们得出结论:或许真的是从天上掉下来的落单的孤雁。于是姐就一方面细心呵护着这只大雁,竭力让六只大雁团结在一起,另一方面在琢磨着制订一个可行的方案,怎样让这只大雁飞起来,赶上自己的族群。

姐对老娘百依百顺,体贴入微。老娘九十多岁,因心力衰竭,几十次急救住院,姐见老娘在医院住不惯,就回来研究学习中医,甚至拜师学艺。姐学会了按摩、诊疗、急救以及养生之道。老娘几乎一刻也离不开姐,即使姐

去厕所,老娘也会不停地喊"闺女",姐赶紧从厕所出来,"妈,来了!"姐为了照顾老娘,就在老娘的床边搭建了几块木板子当床,十几年来从不脱衣睡觉,老娘随叫她随起。姐哄着老娘吃饭,哄着老娘睡觉,就像在哄一个婴儿。姐带着我去见老娘时,问:"妈,您觉得弟弟好看,还是闺女好看?"老娘说:"弟弟好看。"一会儿又说:"闺女也好看。"姐就笑了。九十多岁的老娘尚有如此清晰的思维,都是姐的功劳!老娘直到2014年8月8日,心脏才停止了跳动,安详地走了,享年九十六岁。

老娘的去世给姐一个沉重的打击,久久不能释怀。姐还像往常一样和老娘的遗像聊天,给她买花,给她做饭,摆好碗筷。这让我们又是感动,又是心疼。

为了给姐找点事做,以转移她的注意力,我说:"姐,你在咱们的院子里种点菜,养几只鸡,到时候我们回来,咱自己吃着安全方便。"姐答应了。

说这话的时候是春节期间,暑假我带着老婆儿子又来到小院时,只见姐家的小院里是满园的蔬菜,各色各样,应有尽有。小院里跑满了鸡鸭雁鹅,叽叽喳喳地叫个不停,鸡蛋、鸭蛋、雁蛋、鹅蛋满地都是,姐不忍心自己去吃,但允许朋友随便拿。在院子里我们看到姐对待这群鸡鸭雁鹅的感情,我们顿时放弃了在路上已经想好的怎么炖鸡吃鸡的计划。

这样,姐更不能出门了,我们屡次邀请她到上海来住几天,她都有理由,原来是离不开一群可爱的小狗,现在又加上一群家禽、一地蔬菜。我知道,我们的好意实际上给她平添了负担。

有一年暑假,我从上海去北京是开车去的,一路上我一个人开车,把姐担心得不轻。后来姐说:"弟弟,再来北京还是坐高铁吧,这样安全。"我说:"姐,从高铁站到咱们家小院有一百多公里,还是很不方便的。"说完这话,那年国庆节又回到小院时,我看见小院里停着一辆车,还没有挂牌呢。我问姐,

平凡之路

这是谁的车。姐说她买的,为了我们回去在北京开着方便。我内心不由得感叹:我的姐啊!您可真够用心的,弟弟说什么您都千方百计做到!简直是百依百顺呐!以后我记住了:在姐面前不敢乱说话了!尤其不敢提什么要求,或者建议什么的,只是不由自主地夸一夸姐种的蔬菜和水果太好吃了。

不料,姐说:"弟弟爱吃就好。"于是,姐的小院里下来什么水果啊、地瓜啊、蘑菇啊、芋头啊,姐就会往上海邮寄。她一开始不知道我们单位地址,就直接写单位名称,快递小哥居然也能送到。我奇怪地问姐:"你不写地址,快递员是怎么送到的?"姐就自豪地说:"这说明弟弟的单位名气太大了,上海人都知道。"

"别墅"被拆了

2018年10月的一天,姐给我打电话:"弟弟,我告诉你一件事,不要着急。"

我急问:"何事?"我的心咯噔一下。

"别急,一定别急!"姐顿了一下说,"我们的小院被拆了!"

"为什么?谁拆的?"我真急了。

好好的小院怎么说拆就拆了呢?那是姐花费了多少心血和心思才建起来的,村里明明说可以盖房子的。

姐说,周围大棚的房子都拆了,不光是咱家的。那天来了几百号人,开着推土机,拿着铁锹……邻居有人嚷着和他们拼命。姐没事。姐说,人家说这是国家的规定,既然是国家的规定,就拆吧。

那天,姐只把我们买的木制沙发挪出来,其他的,随他去吧。姐坐在一边看着,房子瞬间倒地时,姐还是忍不住哭了,默默地哭了。客厅没了,厨房没了,卧室也没了,都没了!一片废墟!整个大棚基地,都是狼藉一片!我安慰姐,说上楼吧,楼上还方便!

姐说:"还有狗狗呢,我要和它们在一起。"怎么住啊?我不理解。

姐说:"我有办法,拆房子的人家说了,可以搭草棚子。"后来姐真的住在草棚子里,冬天也没有上楼,其实附近不远处姐有一栋条件很好的楼房,我们去了就上楼,冬天还有暖气,她不去,要和狗狗在一起。姐说,其实人不需要太多的物质条件就可以生存,有些东西太浪费,太奢侈!她享受这份孤独,姐说:"有时,夜静得可以听见霜降的声音。"我说:"我信!"

姐说她刚想入睡,只听见啪的一声,引起一阵犬吠,顿时打破了夜的宁静。姐出去看,原来是树上的柿子熟透了,落到地上的声音。姐安抚了狗狗们,狗狗恢复了安静。夜的伤口愈合了,姐睡着了。

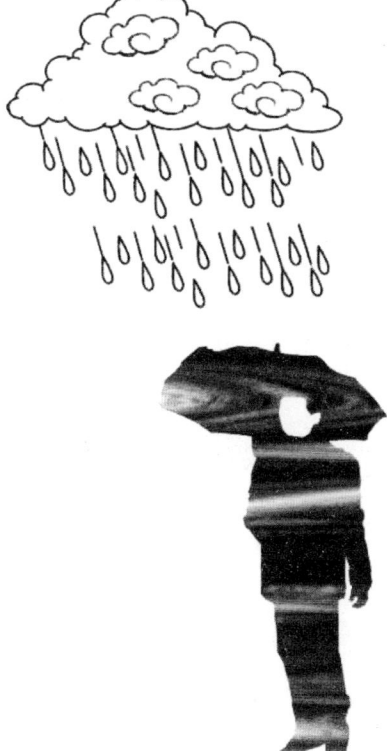

平凡之路

第三次举家搬迁：从北京到上海

> 舍得舍得，不舍不得，我们都知道这个道理，但是真正做起来，极少人有这个勇气。
>
> ——题记

决定离开北京，其实和一个案子不是没有一点关系的。2008年5月经人介绍，一个上海的客户李超找到我，看样子是一个富二代，2007年他在北京的工人体育场附近买了一个公寓，那时每平米1.8万，总价接近200万元。因为开发商迟迟不交房，客户就想找律师和开发商打官司，要求退房。我和这个客户签订了一个协议，是风险代理，按照退房款的4%收取律师费。最初我去找开发商了解情况，开发商告诉我，因为某些手续正在补办中，所以交房延期了，但是他们会支付逾期交房违约金的。北京奥运会开幕在即，北京的房价如同芝麻开花，节节高。我经过对北京房价和工人体育场附近的房产进行初步的调查，认为那个地段的房子是不可多得的珍品。于是我给客户李超写了一个方案，建议房子保留，可以起诉开发商要延期交房违约金。客户采纳了我的建议，同意收房并起诉开发商索要延期交房违约金。我通过邮件确认律师费变更为延期交房违约金，也就是说我帮他拿回的延期交房违约金就充当律师费了。

他回复邮件，完全同意！哇，我的动力来了，违约金大概是11万元，11万元可以说是我当时做律师以来最大的一笔律师费！

我一边为他收房，验房，维修，并安装窗帘，一边在网上挂上出租信息。我当时很没有经验地留下自己的电话，同时到法院起诉。自从网上挂上了信息，我的电话就没有消停过，几乎都是房产中介的电话，他们不厌其烦地三番五次地打电话给我，还要我不断地陪他们和客户看房。经过开庭，法院判决开发商支付当事人延期交房违约金11万元，执行那天法院非要当事人自己来领取执行款，律师不能代领，于是我就电话通知李超，他拿着银行卡从法院领取了违约金转身就走，我弱弱地提醒他律师费的事，他问什么律师费？

后来协商未果，我只能起诉索要律师费。我对老婆说，我打不赢这个官司，就不做律师了。李超请了律师和我对抗，他在法庭辩称，律师什么工作也没做，就知道最后要律师费，并且声称律师费就是延期交房违约金的4%，也就是4400元。法院的法官在判决书中引用国家发展改革委、司法部的《律师服务收费管理办法》第17条："律师事务所与委托人签订合同后，不得单方变更收费项目或者提高收费数额。确需变更的，律师事务所必须事先征得委托人的书面同意。"判决书说，律师没有和当事人签订书面变更合同，变更无效。最终判决李先生支付律师服务费4400元。我不服，上诉，结果维持原判。

心灵的创伤远远大于物质的损失，既然我许下诺言，就要承兑，于是决定不在北京做律师了。时过六年了，现在还有房产中介的人不断打我电话问："你工体3号的房子对外出租吗？"现在那边的房子已经涨到8万多元一平了，我不奢望李超能记起我当年的英明决策，只要还能记得曾经有一位诚实勤奋的律师全心全意为他服务过就可以了。

其实，作出如此大的决定，不可能纯粹为了和某个人赌气。从北京来上海是我们离开山东老家后的第三次举家搬迁，第一次从泰安到沈阳，第二次

 平凡之路

从沈阳到北京。俗话说,搬家三年穷,我们搬了三次,做好了穷九年的心理准备!

现在九年过去了。我先说一说,在北京和上海这两个中国最大的城市工作和生活的感受吧。

北京,离我们山东老家距离近些,属于北方语系,我和客户交流基本没有任何语言障碍。北京作为首都,是多少人向往的地方,有着古老的文化底蕴。但是北京人才济济,一个外来人很难打开市场局面,所以我在北京拼搏了七年,虽然有了自己的房子,有了北京户口,但是我做得很辛苦,感觉我的劳动与获得严重不成正比,找不到多少存在感和成就感。

来到上海的第一站,我租住在常德路和新闸路附近的房子里,初到这个国际化大都市,生活消费感觉一下子上升很多档次。不说房租比北京高出很多,单说第一次理发就花了88元!我以为被宰了,在北京理个发,也就5元;再说第一次坐地铁,花了8元,在北京即便把地铁坐穿也就两元,公交车低到两毛;第一次去家门口的久光超市,一瓶水标价18元!震惊之余,我给老婆打电话说:"上海可能不是我们能够消费得起的城市,这个路子估计走错了。"她问:"怎么啦?"我说:"我没有信心挣出理发的钱!"

后来我们搬到中华新路的人才公寓,那是一个很小的房子,五十多平,因为儿子上学交通不方便,我们狠了狠心,拿出当时所有的积蓄,花了七万元竞拍到车牌,买了一辆帕萨特。新车刚刚提过来,一个棘手的问题就摆在眼前,没有地方停车!只能暂时停在楼下人行道边上,我去附近找停车库,当我在上海站找到可以停车的地方时,回来看到我的新车被人用钥匙从头到尾划了一道深深的印痕,还没有挂牌的新车就这样被毁了容。我隐约感觉到,有人在警告我:这个魔都不是谁想来就来的,不好好混出一个模样来,在这里是站不住脚的。

我就把车子挪走，停在上海站北广场的地下停车库，按月包租。我早晨先跑两千米去火车站开车，再回来接儿子，送他去上学，然后去上班；下午去接儿子放学，先把儿子送回家，我再去火车站停车，最后跑着回家。一年四季，风雨无阻。这样坚持了两年多，直到在上海买了房子，才结束这种强化体力训练的状态。

我以为上海方言是我执业的最大障碍，其实我多虑了，上海人都会说普通话，只是他们说着普通话，说到动情处就会情不自禁地讲起上海话，我只好打断他，重新再来。我尽管听不懂上海话，更不会说，但是从来没有因为语言沟通的问题而烦恼。起初我对于上海夏季桑拿天的闷热产生过不适，但是总的来说，这里的空气质量比北京好多了，一年四季，绿树常青，芳草满地，鲜花盛开，我家院子里就是这样的景色。冬天开车回老家时，我发现一个有趣的现象：一路向北，路边的树叶越来越稀疏，颜色越来越黯淡，如同中年男人头顶上的毛发一样，越来越少，越来越白，走到山东境内，树是秃的，山也是秃的，满目萧瑟。

如果非要让我说来上海的最大动力是什么？是冬冬的一句话打动了我：上海是个讲规则的自由市场，凭本事吃饭，适合创业。

平凡之路

一家三口,四海为家

> 往往不经意的偶然因素会决定你一生的事业,所以珍惜每一天,做好每件事。
>
> ——题记

冬冬创办的上海分所确实很大,本来老婆来上海想找一家学校教书,冬冬半开玩笑半认真地说:"嫂子,要不你来我们律所吧,律所正好缺一个行政总监。"后来,老婆真成了律所的行政总监,但她说:"我试一年,一年后不行我还是去学校当老师,那才是我的本行。"四年后,老婆还在律所,升为主任助理。冬冬却离开了盈科,自己去创业,与合伙人创立了瀛和律师机构。

梅是一个要强的人,做什么都如此。在山东当老师,她的教学成绩非常出色,获得当地各种教学评比奖项,是我们年轻教师望尘莫及的;在北京当老师,她教的学生每年考入北大清华的有十几人,为此她被提拔为教学校长;后被清华附中录用,清华附中是多少教师向往的地方,而她说走就走了;随我来到上海,她本来已经找好了学校,却为了朋友的一句嘱托,进了自己完全陌生的律所,从此放弃了教师生涯。

从事律所管理,为律师服务,不同于在学校管理学生。梅说,学生,在老师眼里都是孩子,而律师都是个性非常鲜明的人物,林林总总,形形色色,服务大所的律师更是难上加难。很多时候,我看她忙得连一起吃午饭的时间都没有,她晚上或周末加班,我常常陪着,因为上下班的时候我是她的司机。

2013年我们律所新买了一座大厦,在市北高新园区,大厦需要装修才能投入使用,我们至今也没有搞清楚:盈科律师大厦装修的艰巨任务最后是如何落到梅身上的。

难以想象,一个弱女子,瘦小的身子,与一个行政小伙子和一个工程师,三人在不到一年的时间里,装修了面积两万多平米的大厦,十一层的大楼。

一位教生物的女教师,无论如何都是难以和大楼的装修联系起来的!

但是她就真的干起来了。设计图纸跟不上,她们就自己设计,为了省钱,她们自己开车去江苏和浙江的厂家订购材料,和人家讨价还价,争得脸红脖子粗。她们天天和建筑工人打交道,和包工头打交道,常常是晚上十一点后才回家。有时夜里太晚了我去接她,在工地找了很久才看见她,她正和民工在一起研究着什么。我几乎认不出她,一身破旧的衣服上满是泥污,头发散乱,灰头土脸的样子。天哪,这哪是清华附中的教师?大所的行政总监?高级合伙人的太太?

累点倒是不怕,老婆经常说,就担心搞不好出点事情。

果然有一天出事了!

一个民工不小心从楼上摔下来,幸亏摔在沙堆上,但是那人只喊腰疼。梅赶紧带他去了医院检查,结果没有大碍。

后来,工地来了很多人,口口声声为那个民工讨要说法,并围攻了大厦,梅他们三人在里面,不敢出来。他们明知道是讹诈,躲了好几天,但是对方还是不依不饶,威胁他们,声称要赔偿,否则就要教训他们。

我让他们报警,可是警察也管不了,那些人还找了政府,最后律所迫于压力拿了钱,他们才撤走。

 平凡之路

老婆那几天天天做噩梦！常常是醒来已哭成了泪人。

大厦开业了，律师搬进来了，全国各地的律师来参观，各级领导来视察，观后都赞不绝口，她觉得这是对她最好的回报。

也许是因为工作的出色表现，律所总部领导多次派她担任分所执行主任，一次是西安，一次是南京，都被她婉言拒绝了，理由是儿子正在申报大学的关键时候，需要帮助，不能离开。待到儿子被美国高校录取的第二天，总部就给她下达了南通分所执行主任的任命书，后来又担任了南京分所的执行主任，同时兼任江苏区域执行主任，截至2021年10月，整个江苏区的分所已经发展到十八家。她经常是奔波在北京、上海、南京、南通和江苏其他分所之间，处理各种关系，参加各种会议，接待各种领导，忙得不亦乐乎。

老婆是做管理的，我是做律师的，我们的业务几乎没有交叉。相比来说，我还是那个慢热的人。来到上海后，最初一年里我几乎没有什么案件，北京的老客户渐渐失去了联系，上海的新客户还不认识我这个初来乍到的外地人。学会等待机会，学会忍受孤独，学会吞噬寂寞，是我这一年里的必修课。

2013年7月的一天，一个老乡给我打电话，说他在常州发生了交通事故，让我帮他打官司。他在上海的一家国企上班，这家国企是建筑施工单位，是国内一家比较大的上市公司的子公司。他是坐单位的车子去工地，路上与另一辆车子发生了交通事故。

案情较为复杂：老乡坐在副驾驶位子上，驾驶员开车与另一辆车相撞，还是同等责任。老乡乘坐的车子是单位的，对方的车子是借朋友的。我为他起草起诉状，列了四个被告：对方驾驶员，对方车主，对方车子的保险公司，单位车上的驾驶员。为了提高老乡的赔偿数额，力求使用上海的伤残补偿金的计算标准，需要证明他在上海工作和生活，我就去他的公司开具证明，接待我的是他们分公司的一个法务经理李先生。

为了这个律师费很少的案子,我从2013年7月,从一审到二审,一直打到2014年8月才结束。其中经过立案、鉴定、四次开庭、一审、二审和执行,我从上海开车去常州不下十趟。为了实现老乡的最大权益,我是寸土必争,斤斤计较。

李先生也参加过几次旁听,他对我的工作是看在眼里,记在心里。

后来我成了他们公司的入库律师,专门做建设工程案件。他后来告诉我,当初他向公司领导推荐我时是这样说的:"一个律师做一个交通事故的案子能够做得这么认真细致负责,很难得,我相信,这个律师做什么案子都能做好!"

领导说:"那就试试吧!"

从此我开启了律师生涯的专业化道路。法律是相通的,世上无高山,只要肯登攀;世上无难事,只怕有心人!基于多年积累的诉讼经验,并充分利用我们兄弟分所遍布全国乃至全球的资源优势,我连续代理了这家公司的多个建设工程类的案子,大都取得圆满成功。

建设工程案件的管辖法院除约定仲裁委员会的以外,都是按照不动产专属管辖处理的,在建设工程项目所在地法院管辖,因此我的很多案子大都是在上海之外。拉萨的工程出现纠纷,我一年里去了五次西藏,每次都要克服高原反应的困难,最终为客户争取回巨大利益,当然雪域高原的美景是对我的最大回报。格尔木的工程需要尽调,我们组成团队奔赴青海,工作之余不忘领略美丽的小柴旦。新疆库尔勒出现纠纷,我先后去过四次,与当地分所的同事一起为客户挽回损失,我们还去塔里木河洗脸,去沙漠看胡杨林,到博物馆欣赏楼兰美女。

宜春起纷争,我亲自出马;宣城出现系列案件,我派团队律师积极应诉;毕节出现"窝案",我带队紧急救火;广西出现诉讼,我连夜启程。绝大多数案件取得了完美结果;有的经过艰苦诉讼,取得胜诉;有的起死回生,挽回败

局；有的临危受命，不负使命。

我统计过，截至 2021 年 10 月，因为工作之故，全国除了黑龙江、海南、甘肃和港澳台以外，其他各省市自治区，都留下了我奔波的足迹，我相信不久的将来，我的足迹将会填满地图上的空白。谁能想到，做律师前从未出过远门见过世面的我，十年后竟然走遍千山万水，游过南城北郭。

我在律所的表现，如同我中学时代的成绩一样不断进步，先从一般律师做起，很快先后晋升为合伙人、高级合伙人、股权高级合伙人，陆续被任命为建设工程法律事务部主任、业务指导委员会主任（兼任规范发展委员会主任）。从 2013 年起到现在，每年的年度总结大会上我都被总部评为优秀律师。我的部门业绩也非常突出，连续多年获得"优秀部门"称号，我组建了自己的律师团队，因为实力雄厚、业绩优秀，多次被评为"精品团队"称号。

2020 年，我被上海市律师协会认证为"建筑房地产专业律师"，并被推举为上海市律师协会建设工程与基础设施研究委员会副主任，先后被华东政法大学和上海交通大学聘请为兼职硕士生导师，后被最高人民检察院聘请为民事行政咨询专家。什么是专家？我认为，就是你吃过足够多的苦，犯过足够多的错，熬过足够长的时间，就成了专家。什么是专业律师？我认为，就是你做的案子足够多，经验足够丰富，就是专业律师。

好了，名头再多，也都是虚的，我其实是为了不甘拜老婆的下风才在这里显摆一下的，如果你想知道我究竟是怎样从草根蜕变为专业律师的，容我后续娓娓道来。

再来说说儿子吧。

我们从来没有认为自己的孩子天资聪明，相反，他有点笨，从儿子自小学到初中的文化课成绩经常徘徊在倒数行列可以得出这个结论。在北京花园村小学，他经常被留校，我都是亲自把他接出来，儿子低着头很不高兴的样子，当然我也不高兴。转学到上海的初中后情况更糟,他的成绩非常稳定地排在后面。我和他妈妈不理解:两个高级知识分子,而且曾经都是老师,妈妈还是名校的优秀教师,为什么就教不好自己的孩子?

我们在反省,也许是我们颠沛流离地转战南北,导致儿子经常转学,教材课程又不一样,儿子每次要花很长的时间熟悉陌生的环境,结交新的朋友,才导致学习成绩糟糕?也许儿子就不适合这种应试教育的方式,担心抹杀自己的天性,产生了抵触情绪?

在儿子初中毕业时,我们做出一个大胆的决定,放弃国内的教育,送儿子去国际学校,放手一搏,充分发挥他的天性。我们宁肯付出高昂的学费,也不愿意在培养下一代的教育上留下遗憾。2018年,儿子申请美国高校的艺术专业,如愿收到他喜欢的插画专业高校的录取通知书,8月份他独自飞往加勒比海岸的佛罗里达州,开启了留学生活。

儿子出国前后,老婆在偷偷地忙碌着什么,神秘兮兮的,我问她也不说。

突然有一天,她说:"我要参加法考。"她说第一遍时,我没在意,见我没有反应,她就又说了一遍。我笑着说:"考吧!"我以为她在开玩笑,我也就以玩笑回应。

后来,我见她买了书,后来,我见她在看这些书,后来,我睡觉了,她还在学习。

"你还真准备法考啊!别开玩笑了,快四十五的人了,你哪有时间和精力啊?"我有点惊诧。

"试试吧!"她说。

她遇上了司法考试改革的第一年,2018年的法考分两次考试:客观题考试和主观题考试,应该说难度比过去提高了。

她白天工作忙得不可开交,晚上回到家里开始复习法考,精力充沛,乐

平凡之路

此不疲。半夜我睡醒了一觉，看她还在学习，我嚷一句："睡吧！"她应一下，就没有动静了。

早晨我开车载她去上班，路上就是她睡觉的时间。所以无论多么堵车，有多少插队的，我也不急躁，不生气，慢慢地开，稳稳地开，为的是可以让她多睡一会儿。

客观题考试的日子到了，我陪她去考试，目送她进入考场后，我就在周边转悠。临近考试结束，我从超市买了一个红心柚子，抱着大柚子在考场门口等她。我们回到车上打开柚子，里面红红的，晶莹剔透。

分数下来了，218分！

主观题考试那天，她从南通回来，我去陪她考试，虽然换了考场，我还是转悠着找到一家超市，又买了一个红心柚子，打开一看，里面还是红红的，晶莹剔透。

老婆一出考场，我就迫不及待地问："怎么样？"她歪着脑袋说："累！"

查成绩那天，我在外地的法庭门外等待开庭，忐忑不安地等待她的消息。

她迟迟不敢查询，法官又迟到了，所以我在法院的走廊里坐立不安，当事人以为我开庭前太紧张，有些担心地看着我。

开庭前一分钟，我终于收到她的消息，她居然通过了！还是高分通过，123分！总分数超了53分！

过了法考，我建议她回来做律师，她没有同意，依然乐此不疲地做管理，我想：人各有志，不必强求。我又想：人各有所长，各有所短，贵在她有自知之明。2022年元旦刚过，她新的任命来了：盈科中国区执行副主任。她更忙了！

我们一家三口几乎没有分开过，直到儿子出国，太太外调。无论是在山东，还是去沈阳读书，无论是在北京打拼，还是转战上海，我们一直在一起。

送完了儿子，又送走了太太，我俨然成了"孤家寡人"，最初一个人的日子非常不适应。那天我下班回到家，冷冷清清空空荡荡的房子里，没有一点动静。惆怅间，突然听到玻璃水缸被重重撞击的声音，我抬头去看，原来是乌龟伸着长长的脖子，好像在说："看看我，家里不是还有我吗？"从此，我和这个冷血动物成了朋友，寂寞的时候聊聊天说说话。

后来我逐渐适应了"相濡以沫，不如相忘于江湖"的生活。我慢慢懂得，厮守清贫，不如趁着不算老的年纪，彼此成就，放开手脚，在广阔的天地实现自己的人生价值。太太从生物老师转身做了律所管理，竟然如鱼得水，巾帼不让须眉。我工作时专注于律师业务，游刃有余，闲暇时读书写作，自得其乐。

"相忘"是暂时的，我们成了"周末夫妻"，她周末没事时回上海，但往往是我去找她，因为她周末经常有会议和活动。她负责的律所所在的城市，皆是苏南富庶之地，多为江南古都。她去南通，南通成了我的海鲜之府；她去扬州，扬州成了我的美食天地；她去南京，南京成了我的旅游胜地。她忙她的，我玩我的，优哉游哉。

 平凡之路

艰难的专业化道路

> 万事开头难,你必须横下心来,坚持,坚持,再坚持。
>
> ——题记

一个偶然机会,我遇到一个大客户,我当时是无心插柳,只是因为自己的勤奋和认真,才被公司启用,后来我办理的建设工程案件越来越多,遇到的挫折也不少。所谓"万事开头难"。

一个建设工程施工合同案件开庭的地方在广东省SH市DS人民法庭。我带着助理提前一天从上海乘飞机到广州白云机场,再从机场乘车两个小时到SH市,用了几乎一整天的时间。我们在SH市住一宿,第二天在40度高温的天气下在一个非常偏僻的地方找到了这个DS人民法庭,我们在门口暴晒一个小时后法庭才开门。我刚在法庭坐下拿出案卷,一个法官进来,盛气凌人的样子,说被告不来开庭,今天就不开庭了,明天让书记员去被告单位送达传票。法官不由分说就走了,我问书记员,传票没有送达吗?没有送达为什么不提前告诉我们?说不开庭就不开庭?书记员是一个小姑娘,她也表示无奈。

我用了一天半的时间不远千里来开庭,这个法官用了不到一分钟的时间就打发了我。

我刚回到上海,就接到这个法院的传票,下周五开庭。

我不敢怠慢，又提前订了机票，提前一天出发。

我千里迢迢赶到 DS 法庭是下午的三点钟，法官姗姗来迟，被告也确定不来开庭。我递上新增的几份证据。不料，法官说了一句话，我差一点被气炸了肺。他说："你怎么现在才交证据？今天不能开庭了，必须把证据给对方质证，书记员做笔录。"

他口述让书记员记录：因为原告今天才提交补充证据……

我解释道："我上次准备提交证据，因为你没开庭就走了，所以没交……"

法官还是不由分说，说今天不开庭了。这时我已经忍无可忍，向法官提出两个问题：

1. 本案没有约定举证期限，我在开庭之前提交证据有何不可？

2. 既然传票已经送达，被告不来开庭，为什么非要给被告质证的权利？

法官不做正面回答，操着我听不懂的粤语自言自语，脸气得发红，显然是没有想到竟有律师敢挑战他的权威！

我步步紧逼，立即又提出两个请求：

1. 申请这位法官回避，我有合理理由怀疑他的中立性和公正性。

2. 既然本案是普通程序，应该有三个法官审理，不能由一个法官私自做主，要求三个法官出庭审理。

法官对我的进攻置之不理，让书记员做完笔录就匆匆离席了。

我毅然手写了两份申请，交给书记员后又马上要回。书记员正茫然着，我说："我决定直接向法院本部递交申请，并找院长投诉这位法官。"我出离愤怒地离开法庭。

我刚走出法庭大门，听见看门的大爷喊："那位律师等等！"我回头看，只见那个法官站在门口向我招手。我以为法官又有什么新招数要对付我，我半信半疑地过去。不料法官和气地说："张律师，请您撤回申请吧，我们现在

就开庭,不会耽误您的飞机。"

开庭非常顺利,半小时就结束了。很快 SH 法院判决我们完全胜诉。

作为律师,为了当事人的利益可以忍辱负重,可以忍气吞声,甚至可以视金钱和时间为粪土。但是在法律面前,一个有骨气的律师绝对不可以向黑暗低头。面对不正之风,不能一味忍让,要拿起法律的武器,有理有据有节地斗争,这样做是为了当事人,也是为了自己。

为了集中精力做好大客户的案件,我只好推脱并减少了其他案件的代理,因为每个案件所花费的时间和精力非常之大,必须专心致志。比如我为某公司做的一个在泰州的案子,案件争议的标的额虽然只有 126 万元,但是结案后我让助理整理了一下相关的数据,连我自己看了都大吃一惊。

先说我从上海去泰州的次数:六次。

立案去了两次。第一次是在我去海陵区人民法院之前,我做了大量的调查。合同显示的项目所在地是海陵区,我为了进一步查证核实,又在地图上查询并咨询了项目所在地的有关人员,他们都说是海陵区的,我就当然去了海陵区人民法院立案,并缴纳了诉讼费,而且海陵区人民法院也给我立了案。当案子到了海陵区法院的法官手里时,法官就给我打电话,说这个项目不是海陵区的,好像是医药高新区的,让我再去确认一下。我给医药高新区的法院打电话问了才知道,这个项目所在地以前是海陵区的,现在刚刚归入医药高新区。于是我要从海陵区人民法院撤诉,再去医药高新区人民法院重新立案。

开庭去了四次,这先后就去了六次泰州。

其次说行程的里程数。我每次都是自己开车,从上海到泰州单趟行程 214 千米,先后六次,十二个单趟,行程共计 2568 千米。什么概念?从上海驱车经山海关到哈尔滨才只有 2200 多千米!

然后说时间。从时间上来计算,我每次开车单趟用时三小时,共用时三十六小时;立案和开庭用时每次少说两小时,共用时二十四小时。这样从出发到回律所共用时六十小时。为这个诉讼准备材料和研究案件花费的时间不算在内。

再算费用。过路费每个单趟 130 元,12 个单趟就是 1560 元;油费单趟 212 元,12 个单趟就是 2544 元;餐饮费 60 元,一共吃了六顿饭,共计 360 元,以上花费共计 4464 元。

以上数据说明什么?

一个律师为了一个案子所花费的成本是巨大的,无论案件大小,都是如此。同时说明,律师这个职业不仅仅是脑力劳动,同时也是体力劳动。谁说律师是无本生意来着?

当然为了当事人的嘱托,有时不能考虑成本,哪怕是亏本,也在所不惜。

 平凡之路

凯旋城里起纷争　百折千回得凯旋

> 在很多事情上，成功的经验就是，看谁熬过谁。
>
> ——题记

案件让法官十分头疼

当我在 2016 年 12 月的一天开始起草起诉状的时候，怎么也没想到这个案子直到 2020 年 10 月才结案归档。时间跨度长是建设工程案件的特点之一，要求建设工程专业律师必须练就一种能力：耐力。

我在起诉状的第一项"诉讼请求"里写道"责令被告向原告支付欠付工程款 2900 万元"，然后撰写事实与理由时，感觉案情不太复杂，因此收的律师费并不高，吸引我的也许是江西宜春这个风景秀丽的地方，也许是公司法务老王压价压得太狠，他对我说："你不做，我给别的律师，别的律师要价更低也愿意。"我只好屈服，我期待的是长期合作的美好愿景，不指望一个案子养活我三年。

后来诉讼请求又增加了 6000 万元，案子从宜春市中级人民法院移到江西省高级人民法院，律师费也没有增加，老王还是那句话："你不做，我给别的律师，别的律师要价更低也愿意"，我也就不再坚持。其实提高诉讼请求，一

是为了提高审级，减少地方保护主义，希望遇到水平更高的法官审理；二是为了把指定分包的工程款包含在内，希望将分包的问题一并解决。这也是我的建议，被公司领导采纳，所以既然是自找的，就自己承担后果吧。

原告是施工总承包，被告是宜春市当地的一个开发商，涉案项目是一个商品房小区，叫作凯旋城。原告将工程承包以后，又将其中的项目分包出去，据不完全统计，分包商有九家，已经涉诉的有三家，他们把总承包告了，要求支付工程款，案件正在审理中，看苗头总承包承担付款责任是在所难免的。本来这些分包是业主自己找的，按照法定程序要和我们总承包签订分包合同，但是业主直接向分包支付工程款，美其名曰代付。按照我们原告客户的最初意思，分包的工程款我们不管了，让他们自己解决吧，后来我在诉讼中发现了这个问题，感觉这样不妥，既然合同是和我们签的，又有诉讼在打，为了避免风险，于是我又提出增加诉讼请求，将六家分包列为第三人。

原告在起诉的同时将被告的商品房进行了保全，包括普通住宅和别墅，9000万元的诉讼请求，原告查封了一个多亿的房产，这是我们原告敢于打持久战的底气。

主办法官是一个有点年纪的女法官，态度和蔼可亲，第一次开庭时，法庭调查还没结束，她就坐在高堂之上双手抱着头，说头疼，说你们这个案子太复杂，没法审理啊！她摆出几个问题，让我们原告回答清楚：

1. 合同究竟有没有履行完毕？是继续履行合同还是解除？

原告一头雾水。老王说时间太久了，项目上的人都走没了，没有人了解这个项目，他们只能说履行完了。被告说，目前工程停工，并拿出照片来看，证明确实还没有完工。原告也没有证据可以证明工程交付和验收的事实。

后来原告增加诉讼请求：解除合同。

平凡之路

2. 有没有结算？是否进行司法审价？

原告说有结算，并拿出一个1.7亿元的结算书，被告也拿出一个1.4亿元的结算书，说这些结算书不是真实意思表示，是为了融资和贷款用的，因为项目还没有完工，怎么做出来的结算呢？

于是为了稳妥起见，我们原告提出司法审价申请。这也是吸取西藏案件的教训，无论是否结算，只要有争议，我们就提交鉴定申请，让法官决定。

3. 为什么追加这么多的分包？如何送达传票啊？

我们原告解释了事由，把我们的美好愿望阐述后，法官问："有联系方式吗？"老王回复："没有，都是业主直接联系的。"被告代理人回复："不知道。"法官问："怎么送达啊？"公告送达吧，三个月后再开庭吗？我们原告也不想拖，就去找分包的联系方式。

4. 作为总承包为什么不清楚工程进度，为什么没法联系分包？

旁听席上的老王解释，公司没有人说得清楚，可能是没有参与施工吧。现场失控，根本不在总承包手里。法官说："相当于直接转包了？你们想过这种违法行为的后果吗？"

我坐在原告席上如坐针毡，心想：转包必然导致合同无效，如果我们的分包纷纷起诉我们，就会非常被动，不仅管理费拿不到，给分包的支出可能还会超过从发包方收到的工程款，这就是损失。

我也不能狡辩，因为客观事实就是这样，只能寻求别的解决之道。

调解过程十分坎坷

作为建设工程案件的代理人，我们常常被法官训斥，因为很多施工单位的项目管理存在非常严重的问题，加上时间久远，人员流动，以及违法分包、转包和挂靠的泛滥，导致没有人说得清楚项目的情况，没有人能配合律师的工作，律师就非常被动。但是公司还不能逃避，既然签了合同，来了诉讼，就要去面对，所以律师作为代理人，就是当事人的替罪羊。律师要敢于迎难而上，迎着血雨腥风，奋勇战斗在最前线，必须有强大的心理素质和抗压能力，既不能针锋相对，死扛到底，也不能低三下四，委曲求全。要学会坚韧地战斗，既要承认错误，又要坚持诉求。

律师的这种职业素养，让法官更加头疼，因为法官想调解，不想继续审理，继续审理，结案可能会遥遥无期，影响她的结案率。再说这个案子确实不好审理，弄不好可能会对一方造成巨大损失，违反公平正义。在我们原告再三衡量之后，认为能够促成调解的话，对我们是好事，因为审理的结局不能预测，毕竟有太多的风险在等着我们。我们原告就和法官统一了战线，一起做被告的工作，不断地给他们施加压力。

被告的代理人非常坚韧和执着。对于被告来说，一般案件越复杂越好，时间拖得越久越好，他们付款就可以遥遥无期，资金压力就会减轻。但是这个案件，我们原告抓住了蛇的七寸，查封了他们的房产就等于掌握了主动权，因为房价在上涨，他们需要资金支持。

即便如此，原告最终收到被告同意调解的意思表达时，已经是2017年9月。接下来的问题就是商讨如何调解，调解协议的内容如何确定。

很多当事人认为，调解的工作比诉讼流程简单得多，所以在委托代理协议里经常把调解结案的律师费大大压低，这其实是大大的误解。大部分情况下，调解的工作比诉讼更加费脑筋，时间更长，反反复复，没完没了。如果你参加过接下来要讲到的这个谈判，就能深刻认识到这一点，有良心的客户可能会主动给你增加律师费。

原告和被告的代理人通过电话和微信进行了不计其数的沟通；我经常向法官汇报工作进展，然后法官和被告联系，辛苦做的工作难以统计；我们原告去

 平凡之路

宜春和业主交流,被告代理人来上海谈判,我们双方去南昌在法官主持下谈判,次数和时间难以计数。和解协议的草稿修改了几十遍,最终确定双方可以盖章的时候,时间是 2018 年 9 月份。其间,谈判很多次陷入僵局,战火差点重新燃起,后来双方让步,寻找共同点,谈判才推动下去。

也就是说,从立案到调解经历的时间是两年。其间,我无数次徘徊在法院的大门前,炎炎的酷暑,烈日当头,大门前都是小树,没有多少阴凉,只好曝晒着,汗流浃背;寒冷的冬季,无处藏身,只能躲在墙角避风。有一次下午开庭,中午去得早,法院大门紧闭。又是一个冬季凄雨冷风的中午,我躲在安检门口的墙角瑟瑟发抖,刚好被吃过午饭散步的主审法官看见。她热情邀请我进入法院来到她的办公室。

这位主审法官大大改变了我对法官的看法。最初做律师的几年里,因为业务不熟练,经常遭到法官的冷眼和训斥,在我眼里法官都是冷冰冰的不近人情的异类,后来随着年龄的增长和业务的进步,法官对我越来越尊重,很多时候是平等交流,有的年轻法官还虚心请教。南宁一个案件,一个年轻法官在写判决书的时候拿不准思路,竟然和我用微信交流探讨了两个整天,我给她提供判例,寻求法律支持,我们探讨争论,比开庭还激烈呢!也就是说,高堂之上的法官正襟危坐,看似冷酷无情,实际上都是常人,内心似火,就看你是一个什么样的律师,不同的律师会有不同的感受和待遇。

定稿的和解协议书,内容要涵盖:工程款应付数额,支付期限及利息,延期支付的违约金;支付方式包括房屋的销售款、账户的管理,以及同步解押的方式;分包纠纷的解决以及分包后期款项的支付由被告承担;所有诉讼费、律师费皆由被告负担;优先受偿权。

我们双方带着和解协议来到南昌的江西省高级人民法院,开庭拟定调解书内容。最初,法官不同意将原告的优先受偿权写进调解书,在我们的一再

坚持下，最终写进了法律文书，这是一个重大胜利，保障了我们后续执行的优先权，也是一个重大突破。

我在湖北省高级人民法院和安徽省某中级人民法院代理过的类似案件，也是调解结案。我们也坚持将优先受偿权写进调解书，但是法官坚决不同意，他们的理由是：优先受偿权是法定权利，不能够通过调解书来确定，调解书不写，并不意味着你丧失这个权利。这个理由我在最高院的裁判文书里找到了依据，加上双方达成调解的意愿非常强烈，便不再坚持。但是在后来的执行过程中果然遇到困难，当事人不得不重新提起诉讼，要求法院确认优先受偿权。那么，究竟调解书里能不能把优先受偿权写进去？这是留待后人解决的问题。

我们在这个案件的审理阶段取得了全面胜利，调解书几乎体现了我们的全部意志。我们绞尽脑汁，考虑得面面俱到，几乎消除了所有风险和隐患，接下来就是执行的问题了。

执行过程十分艰难

本以为拿到完美的调解书后可以松口气了，谁曾想这只是万里长征走完了第一步呢！

为什么？房地产市场摇摆不定，宜春凯旋城的房子迟迟卖不掉！房子卖不掉，我们就拿不到钱。

好在调解书中有一项兜底条款：约定了最后付款期限，不能付款时可以一次性实现所有债权。我们在和对方多次沟通后，无奈向法院申请强制执行，对方一收到强制执行的通知，就找我们的领导哭穷，让缓一缓再执行，毕竟法院拍卖房产，销售款会大打折扣，会给他们造成巨大损失。领导就心软了。

后来，双方想出一个新的计策，把被查封的房产折价抵给我们，经过多

次的拉锯战，最终签订《以房抵债协议》。接下来就是评估房价，双方在房价评估过程中产生歧义，因两家评估机构的结果相差巨大，于是再寻找第三家评估机构，究竟是在宜春找还是在上海找？双方相持不下，过去数月不提。

我们原告正要加大力度督促法院拍卖房产，2019年年底对方代理人来信说：公司法定代表人及实际控制人不幸去世，执行事宜请贵司暂缓。我将信息告知公司后，公司领导出于人道主义考虑，指示暂缓紧逼。

接着疫情暴发，谁也没有办法，只能是搁置起来。

疫情稍有缓解后，我又重新加大执行力度，不断向法院写申请。其间执行法官换了两个，我们每每催促法官拍卖房产，被执行人就做出一点姿态来，说正在引进投资人，很快有钱。也不知道真假，我们以为他们就是为了拖延时间。因为疫情影响了房市，《以房抵债协议》不了了之。

其间代理人换了两个，公司的联系人也离职了。

结局竟是十分惊喜

花开两朵，各表一枝。实际上，我们总承包在凯旋城项目上发起诉讼的同时，在客商大楼的项目上也发起诉讼。或许你会问：客商大楼的案件与凯旋城的案件有什么关系呢？别急，容我慢慢道来。

客商大楼的诉讼本来是非常简单的，因为项目已经竣工验收，双方有结算，按说没有什么争议。但是被告非要拿出不共戴天的架势跟我们对抗，他们不认可结算单的效力，非要重新审价，我们坚持结算单的数额，不同意审价。结果一审判决我们胜诉。

他们上诉，又拿出另一个合同，来证明其中有部分项目不是我们施工的，而是他们单独发包的，据此主张要从结算单中扣除部分工程款，二审开庭后竟然发回重审。

重审一审开庭时，他们又提出合同无效等理由，结果法院仍然判决我们胜诉，他们依然提出上诉，江西省高级人民法院最终判决：驳回上诉，维持原判。

这个案子看似简单，竟然反复折腾了三年！最终胜诉的关键一点是：**只要双方的结算是真实的意思表示，一方推翻不了，就是合法有效的，与合同效力无关，与第三方无关。**

他们没有任何财产，就是一家空壳公司，这意味着我们费了九牛二虎之力拿到的胜诉判决书，也是一纸空文！难道白白打了一场官司，没有任何意义？

当初客商大楼的业主没有财产可以查封，但是起码他们有股权，他们就是凯旋城业主的唯一股东。所以我们就查封了他们的股权，死马当作活马医啦！律师为了不辜负当事人的嘱托，必须穷尽所有法律手段，没想到这竟然是制胜的一招，正所谓"山重水复疑无路，柳暗花明又一村"。

果然，凯旋城业主因为难以为继，无力继续推动楼盘进展，决定引起投资人接盘。投资人经过考察同意接手，双方谈妥，签订协议，当然其中细节我们不得而知，都是秘密进行的。

2020年8月的一天，正当我们决定再向法院施加压力，推动评估拍卖的进程时，凯旋城业主来信说，他们决定一次性支付款项，包括凯旋城和客商大楼的所有款项，条件是我们收到款项后尽快给他们解封房地产和股权，否则投资人的股权变更做不了。

就这样，两个案子一起解决了，所有工程款和利息全部收回，所有的成本也得到弥补，案件完美收官。

第三部分

律途心语：律师的专业与职业

 平凡之路

考察律师助理的三个维度

> 无论哪个行业,人品比能力重要,因为人品需要慢慢修养,能力可以迅速提高。
>
> ——题记

每一个优秀的律师,几乎都是从律师助理做起的,无师自通的人毕竟是极少数。每到毕业季,法科生很想知道如何应聘律师助理。从律师角度来看,我认为,选择律师助理,无关乎出身,无关乎名校,无关乎学历。

关乎什么呢?我认为应从以下三方面来考察,按照顺序就是:人品、态度、能力。

第一是人品,其中包括人的道德修养和待人接物的素质。做律师先做人。

做人要真诚。求真务实,诚实守信,应该是律师的立人之本。律师要加强自身内心的修养,提高自己的专业能力。真诚的人并不完美,反而有很多缺点,也很容易暴露自己的缺点,但与之交往的人反而喜欢他,为什么?就是因为他的真诚。

你有多大的能力就做多大的案子,不要强求。真诚的人不会采取不正当手段获取案件,不会向当事人虚夸自己的能力,骗取当事人的信任。即便一时拿到案子,结果也会办砸了,同时毁了自己的名声,砸了自己的饭碗,得

不偿失。

保持一颗善良心和同情心。我在文章中用大篇幅强调善良的品质，任何时候，任何职业都不能丢掉这种品质。我认为只要你善良，愚笨一点，无知一点，孤陋一点，都无所谓；贫穷一点，浅薄一点，内向一点，也无所谓。只要心存善良，你就是一个可交之人，可塑之人。

做人要宽容大度，不要斤斤计较，不因得到而沾沾自喜，不因失去而垂头丧气。一个案子没有中标，可以从头再来，屡败屡战，才有成功的机会。

做人要低调，不能高调炫富，不能夸大职业能力，更不可以虚假宣传，保持一颗平常心，厚积薄发，做一个有深度的律师。

第二是态度，对律师职业的态度。

在态度中，兴趣和热爱是第一个层次。要充分了解律师职业的特点，别以为律师头上都是光环，别以为律师收入都很高，别以为律师都很自由。那是因为你没有看到律师内心更多的是压力、痛苦、孤独和抗争。律师职业是相对自由，律师从来不加班，是因为从未下班。律师在赢得一个艰难的案件时，他的眼里会满含着泪水。如果你对律师职业不了解，只会在不能坚持枯燥的工作时，不能忍受寂寞时选择离开。

为什么当初执业时的几年里不能养家糊口，我还在坚持做律师呢？那是因为热爱。

积极性是第二个层次。律师助理要高效率地完成老板安排的任务，并及时汇报工作进展，不拖延，不消极。这也是建立在对律师职业的热爱之上的。执行力强是一个好的律师助理的标准之一。对待客户也要积极。

能动性是第三个层次，也是更高的境界。如果你是一个主动性和创造性强的助理，能够出色地完成老板交给的任务，那么你距离专业律师已经不远了，甚至可以成为一个优秀的律师。曾经有一本畅销书《把信送给加西亚》，

讲述了一个美西战争期间的故事。美军需要将一个重要的情报送给古巴的游击队长加西亚,但是没有人知道他在哪里,只知道他在浩瀚的原始森林里。这时美军中尉罗文自告奋勇接受了这个任务。他在没有任何线索的情况下,经历了艰难险阻,克服重重障碍,终于完成任务。罗文为什么能够打动亿万读者?为什么受到美军总司令的接见?因为他在几乎没有任何条件和线索的情况下创造性地完成了一个常人无法完成的奇迹。

第三是能力,做律师应当具备一些基本能力。

交流的能力。律师需要与当事人交流,与法官交流,甚至与对手交流。能言善辩、夸夸其谈,不能代表你就具备交流的能力,我所说的交流的能力,是要坦诚、真诚,用心来表达你的真实意思,让你的客户懂你的诚意,让法官明白你的观点和逻辑,让对方理解你的善意。

细心的能力。这可以保证你考虑事情比较周全,保证你做的法律文书没有遗漏和错别字,保证你的案件很多但能安排得井井有条。这确实是律师的一种能力。君不见有些大律师忙中也不会出错,忙中也会偷闲吗?这其实是因为他做到了精心准备、未雨绸缪。

思辨的能力。这就要求律师思维条理清晰,逻辑严密,善于随机应变,观点具有说服力。这是律师区别于其他职业的最主要的体现之一。尤其是在法庭上,律师要用有限的时间让法官采纳你的观点,如果不具备思辨能力,如何说服法官?我们也常常见到有些律师在法庭上胡言乱语,毫无根据和逻辑,让人不知所云,本来一次就能开完的庭非要折腾四五次,耽误大家宝贵的时间。

学习的能力。我所说的学习能力,不仅仅指学习法律知识的能力,还包括在实践中学习经验的能力。其实,每一次开庭就是一次学习的机会,在法庭上你可以向法官学习,学习他的判断能力;可以向对方律师学习,学习他的辩论能力（有时是狡辩能力）和逻辑思维能力；还可以向当事人学习，因为当事人掌握了很多非法律的知识，有助于律师更好地了解行业知识，也有助于开阔你的思路。

平凡之路

优秀律师应该具备的三种素质

> 在激烈的市场竞争中,律师拼的是综合素质能力。
>
> ——题记

我总结一个优秀的律师必须具备这三种素质:会说,会写,会做。如果你缺乏这些能力,就要有意识地去培养和提高,否则会阻碍你的发展。

一、会说

律师的会说,体现在方方面面:咨询电话的答复,会客室的交谈,法庭上的辩论,法律讲座的演讲,等等。会说,不是说你一定会演讲;不是说你可以自说自话,滔滔不绝,不顾别人的感受。与客户见面谈案子,先要学会倾听,然后再去说,要说要点、重点和焦点,不要面面俱到。法庭辩论不是口若悬河就好,而是要简明扼要,有理有据,切忌啰唆和重复。做讲座不是说要卖弄口才,也不需要精彩绝伦,只需讲出内容,不要玩虚的,讲出干货,尤其是自己做的案子,要有真实可信的案例。

我们从小就努力去学人家说话,长大了才知道,其实我们应该学习怎样少说话。

二、会写

会写，不是说要会写文学作品，而是作为律师，起码能写好法律文书，如果能做到不讲空话，不啰里啰唆，言简意赅就好；做到不去绕着弯子打哑谜，引人误解，直抒胸臆就好；做到不云山雾罩，漏洞百出，逻辑严密就好；做到不强词夺理，狡辩诡辩，说假话，言之有理就好；如果能够做到文情并茂，就可以作为一个优秀的成果。

法律不是冷冰冰的东西，也是讲道理、讲情理的，可以适当运用一些文学手法，会起到意想不到的效果。比如我在西藏案件的上诉状中，借用仓央嘉措的诗句，获得共鸣，打动了法官。

如果在业余时间能够写点执业心得，也是一种非常健康的好习惯。

三、会做

子曰："君子欲讷于言而敏于行。"光会说不会做，就是一个空谈家，律师做案子，不能眼高手低，一定要落到实处。

1. 做案子要有思路，思路决定出路，往往直接决定案件的成败。

2. 做案子要有方案，方案要落实思路，思虑周到翔实，具有可行性，有理有据。

3. 做案子要有步骤和计划，这是落实方案的具体行动，要在办案过程中不断进行优化和改善。

4. 做案子要有策略，摆事实讲道理，有理有据有节地为当事人争取最大化的合法权益。有时候需要智慧，讲究策略，才可以获得意想不到的效果。

很多律师不会讲课，不会演讲，也不会搞文字工作，没有出过书，但是案子做得还可以，就是一个合格的律师，正如中国社会主义改革开放和现代

 平凡之路

化建设的总设计师邓小平所说:"不管黑猫白猫,能捉老鼠的就是好猫",如果我们再注重一下个人综合素质的培养,适当掌握说话的艺术,努力培养写作的能力,是不是会更上一层楼啊?

第三部分　律途心语：律师的专业与职业

靠谱的律师是什么样子的？

> 大部分客户的要求并不高，只需你靠谱就行。
>
> ——题记

经常听到有当事人说："这律师靠谱吗？"大部分当事人不会考虑，你是不是一个大律师，是不是一个知名律师，你只要靠谱就可以了。也就是说，做一个靠谱的律师是客户选择律师最基本的要求。

其实靠谱这个词，大众寄托的内涵还是挺丰富的，我认为律师靠不靠谱，关键看这几点：

1. 看他是不是轻易承诺，拍着胸脯说大话。

为了签下合同，拿下案子，在当事人面前高谈阔论，轻易承诺：没问题！包在我身上！这个案子很简单！这样的律师，靠谱吗？你敢用吗？

为了从别的律师手里抢得案源，对当事人拍着胸脯说："这个承办是我同学！放心吧，我能搞定！"这样的律师，靠谱吗？你敢用吗？

靠谱的律师对每个案子都会认真对待，在他眼里，没有小案子，没有简单的案子，他都会去精雕细刻，争取把每个案子做成完美的工艺品。尽管他对这个案子有十足的把握，但也绝对不会向当事人打包票，他仍然会客观实际地分析案情。他会指出当事人法律上应有的权利，和事实上可能存在的风险。

 平凡之路

靠谱的律师大多有着悲观主义的倾向，甚至有一点强迫症，总是把困难想得很多，做起案子来小心谨慎，唯恐有什么闪失，直到完美结果呈现时，他才会露出轻松的微笑。这就是"待到山花烂漫时，她在丛中笑"。

2.看他是不是不懂装懂，还瞎指挥。

这个问题其实和前面提到的真诚有着相似的内涵，有病乱投医的当事人可能会遇到一个不懂装懂的律师。不靠谱的律师会把简单的事情复杂化，把复杂的事情简单化，结果导致本来可能胜诉的案子败诉，本来可以快捷办理的案子走了很多弯路，让当事人的成本加大，利益受损。

3.看他是不是收费合理合规合法。

律师费，是当事人最为关心的问题之一。当事人需要了解的现实是，尽管主管部门对律师费规定了指导价，但在不同的律所之间，不同的律师之间，甚至同样的律所不同的律师之间，律师费的收费会千差万别。对于当事人来说，怎样把握收费是靠谱还是不靠谱呢？

一是看有没有私自收费。

靠谱的律师绝不会私自收费，他会和你签订正规的委托代理合同，让你将律师费交到律所账户，然后给你开具正规的发票。

二是看会不会产生新的费用。

很多当事人关心的是，我们签订了合同，约定好了律师费，中途会不会再收费？不靠谱的律师，开始收费会很低，但是中间会不断地以各种名义加收费用，最后让当事人付出高昂的代价。正规的律师哪怕后来的案件发生了新的情况，增加了工作量，也不能随意增加律师费，只能自己承受。

三是看收费是否合理。

不能指望靠一个案子暴富，不要侥幸地希望"三年不开张，开张吃三年"的案子会突然降临，还是要靠一个案件一个案件的付出获得合理回报。

4. 看他是不是受人之托，忠人之事。

我认为律师接受一个案件，就是接受了一个角色，应该全身心投入剧情，与当事人同呼吸共患难。我经常随着案情的跌宕起伏而表现出喜怒哀乐，所以常常拿得起放不下，感觉压力巨大，所以常常需要寻求一些解压的方式，比如夜晚一个人走路、把出差当作旅游等。这样做可能很累，但结果是，我收获的是客户的信任，更多的客户成为我的朋友，甚至成为我的亲人。

5. 看他是不是及时沟通，及时反馈。

所有的当事人都希望自己委托的律师能够全天候地随时为他服务，甚至随叫随到。尽管这是不可能的，也是不现实的，但是保持电话畅通，总是可以的吧？有的律师总是关机，好几天都找不到人，这是靠谱的律师吗？阶段性地向当事人汇报案件进展总是可以的吧？有的律师从来不会主动联系当事人，只有被动应付，出现问题就往当事人身上推，这是靠谱的律师吗？

及时和当事人沟通，既是为了提升客户的体验度，又是办好案件的必要条件。

因为信任，所以托付。对于当事人来说，找一个靠谱的律师，你的权益才能得到保障；对于律师来说，做一个靠谱的律师，以诚待人，以信立人，你的客户才会越来越多，你的事业才会越做越大。

 平凡之路

如何提高办事效率？

> 提高办事效率，其实是一种养生之道。
>
> ——题记

俗话说，人的精力是有限的，其实这个说法符合能量守恒定律。世界的总能量保持不变，但是却在不断转化，人的精力和体能是有限的，消耗完了，生命就结束了。我们要用有限的时间和精力，去做更多有意义的事情。

为什么有的人很忙，生活过得并不出彩呢？为什么有的人，看似悠闲，事业却很辉煌呢？我认为关键在于提高办事效率，努力把复杂的事情简单化。

做好关键两点，你也可以优哉游哉：

1.业务讲求精进，努力成为专家。

首先熟练掌握你所属业务领域的知识，并及时总结经验教训，做到心中有数。一旦你成为这个行业的专家，就可以随时应对各种复杂的难题，不会惊慌失措，反而从容自如，得心应手。

2.学会统筹安排，讲求效率。

优秀的律师往往是同时在做很多案件，游刃有余，井井有条。那就必须运用统筹方法，合理安排工作的轻重缓急，掌握张弛有度的工作节奏，才可能做更多的事情，办理更多的案件。

因此，一个故事能写成微型小说，就不要写成短篇小说，能写成短篇小说，就不要写成长篇小说。一个辩护词、一个代理词，尽量条理清晰，逻辑严密，抓住重点，语言凝练。

把简单的事情复杂化，只能是作茧自缚，消耗能量，事倍功半。把复杂的事情简单化，才可以提高效率，节省能源。

人生很短，只要合理利用时间，提高效率，可以把生命延长，做点自己喜欢的事情，比如读书、写作、养生，让生活变得丰富多彩。

 平凡之路

完善自我，改变生活

> 成长成功的过程，是不断减少缺点的过程。
>
> ——题记

现在有很多人了解到我们的故事后，都认为是一个传奇，或者认为我们有着异于常人的特殊能力，其实不然。如果非要总结经验的话，有一点可能需要拿出来分享，那就是：我认为，一个人最大的悲哀莫过于不能认识到自己的缺点，自以为是，不能反省自己，不能从别人的身上学习长处，进而改变自己。为什么很多人起点相同，到达的终点却不一样？为什么你看到别人的成就，只能是羡慕嫉妒恨啊？为什么你一生碌碌无为，而别人却轰轰烈烈？我认为，故步自封是限制一个人发展的重要因素。

我来自农村，家庭贫困，自幼没有见过世面，所以我有很多缺点。比如以前有点小气，比较内向，有点自卑，比如遇到美食不够优雅，遇到大事容易紧张，甚至惊慌失措，疾恶如仇，不能控制自己，等等。我在做律师的过程中，有意识地去改变自己，挑战自己。从默默无闻到小有名气的过程，从小律师到大律师的过程，其实就是一个不断改变、完善自我的过程。

无论是手头拮据的时候，还是实现了财务自由的时候，我一直奉行一个消费原则：对自己小气点，对别人大方点。

我们在沈阳时，我和儿子上学，太太打工，薪水刚刚能够维持基本生活，但是我们每次回家过年，尽管买无座票，一路不吃不喝，都不能少了给父母和兄弟姐妹包红包。金额大小不等，一是表达一份心意，二是为了向家人极力表示我们在外过得很好，不用牵挂。那时，交通及通信很不发达，我们在外过得好不好，别人真的不知道。

来到上海，即便日子有所改善，我们仍然保持着勤俭节约的习惯，很少下馆子，都是自己买菜做菜。平时的一日三餐，吃饱吃好就行，但是过节的时候，我们会约上在上海的朋友同学。这个时候，我会竭尽全力地发挥自己厨师的潜能，提前列好菜单，一大早去菜市场购物，回来精心制作一桌子丰盛的宴席，看到客人赞不绝口，感到心里美滋滋的。

我自己出差，如果是客户报销差旅费，我会严格依照客户的标准要求消费，如果是自费，我一定会选择消费最低的方式，比如高铁肯定是坐二等座，飞机肯定是坐经济舱，从来没有坐过头等舱，酒店肯定是住连锁酒店。出门在外，一个人吃饭很简单，一碗拉面足矣。但如果是招待客户，或者同学、朋友及合作律师，我必然会选择星级酒店，高档的饭店，起码是有特色的馆子。绝对不能让别人说我小气，我觉得这与钱无关，与态度和礼节有关，绝对不能给人家留下小气的印象！

所以我常常忆苦思甜，不敢忘掉初心。

很小的时候，在我们农村，父母只能在生产队里干活。大家一起出发，一起回家，辛辛苦苦到头来分得一点口粮，勉强度日。记得快过节了，家里没有什么可吃的，母亲就带我来到村头，围着一个池塘转圈。池塘里长满了荷叶和荷花，生产队正在扒藕。这时一个满脸泥巴的人从水里露出头来，向岸边我们的脚下扔过来一大截莲藕，母亲赶紧捡起来，带我匆匆回了家，莲藕就成了我们全家人节日的菜肴。

 平凡之路

我问母亲:"那泥人是谁啊?"

"别告诉外人,是你三舅!"母亲小声说。

有一次,我和二姐路过一片果园,里面有一个人扔出了几个苹果,我们赶紧捡了离开,回头看,原来是舅老爷在看守生产队的果园。

那时,有人要饭,有人挨饿,我们能吃到莲藕和几个苹果,就是一种幸福。

长大点了,家里分了自留地。土地是维系一家人生活的唯一财富,村里人只能是面朝黄土背朝天地干活,从未想着出门挣钱。过节了,除卖点粮食所得之外,好像没有别的什么收入。我记得,我们那里的女人们都会一种手艺,叫"掐辫子"。所谓"辫子",就是把连接麦穗的那一节长长的麦秆裁下来,用水浸了,然后一根一根地穿插编织起来,形状像大姑娘的辫子一样的东西。有人上门来收,他们买了去编织草帽或者其他工艺品。这是那时我们村唯一的赚取零花钱的方式。所以,大家有事没事都拎着"辫子"聚在一起,在树荫下,在大门口,边聊天边掐"辫子",很多故事,我就是从这里听到的。

那时候家里人口多,兄弟姐妹都在一起,大家一起过苦日子。过节了,有好吃的就行,不用太多,一块糖,一个苹果,就容易满足,大家其乐融融,就是幸福。幸福,其实很简单。

后来我知道好好学习了,成绩也上去了,有人问我:"你学习的动力是什么?"

我想了半天,说:"长大了,可以吃白馒头就着猪耳朵。"

后来我考上了大学,算是出了远门。在那之前,我从未离开过我的家乡,高考时去过县城,算是进了城,见了世面。毕业后我又回到家乡的县城,当了老师,回到父母身边。

上班了,有工资了,虽然不多,但吃饱饭不成问题。刚结婚后,太太露了一手,做馅饼给我吃,纯肉馅的。她在沙发旁用电饼铛来做,我坐在沙发里,

边看电视（一场激烈的篮球赛）边趁热吃。她烙完了，我吃完了，她收拾完东西来找馅饼，发现一个也没有了，她吃惊地大呼："那是十二个馅饼啊，你都吃了？"

第二天和第三天，我都没吃饭，一直胃胀，一时成了校园里的笑料。

这是吃饱了撑的，也是一种幸福。

因为各种缘故，我一直想走出学校，到外面的世界闯一闯，看一看。最重要的是，想改变一下自己，给自己的家人提供更好的生活，这是男人的一种责任。我在2003年毅然离开了学校，离开了家乡，离开了父母，一走就是十八年，从此家乡成了故乡。

我在北京那几年，我家的两个外甥，老婆家一个外甥和一个侄子都在北京，有的上学，有的打工。每逢佳节，他们一起来我家过节，我们租住的房子只有四十平不到，可谓"济济一堂"。过中秋节自然少不了月饼。小时候家里穷的时候，月饼虽然便宜，却买不起，现在上班了，有钱了，月饼还是贵得买不起！

幸好太太学校发了一盒月饼，打开一看是六个。吃完饭，每人一个，七个人六个月饼还有一个人没有啊。我说我从小不爱吃月饼，我最讨厌吃月饼。外甥一边小口吃，一边大声说："一口十块！再咬一口，二十！"

儿子把玩了好久他那个月饼，舍不得吃，大家都走了，他才慢慢吃起来，小小的月饼吃了很久，直到圆圆的月亮升起来。看着儿子幸福的模样，泪水从我的眼角流下来。

来上海后，生活逐渐有所改善，我们有了自己的房子，老家的人来上海的也多了起来。原来师范学校单位的家属院里，先后竟然来了八个孩子，有儿子小时候的玩伴，有的比儿子大些，有的来上学，有的来工作。每到过节，我家又是"济济一堂"，热闹起来。我们为此都是精心张罗，让孩子们过一个

 平凡之路

欢乐祥和的节日,这时没有泪水,只有欢笑,还有视频中远在重洋之外的儿子的羡慕和祝福。

我们曾经流落街头,我们曾经吃过苦头,流过汗水和泪水,是为了不让下一代人像我们那样花费太多的时间和精力去寻找出路,是为了给他们一个良好的教育和生存环境,给他们一个温暖的港湾,这可能是我们奋斗的意义之一吧!

做律师没有成就感,你还坚持吗?

> 不要指望别人,学会自己给自己找点坚持的理由。
>
> ——题记

一个人,无论从事何种职业,都是有原因的,要么为了生计,要么源于兴趣,要么是走投无路。但是如果你想一直坚持做下去,必须有一种能够说服自己的理由,我首先想到的就是成就感。

曾有刚入行的律师对我表达过困惑:我找不到成就感!怎样才能找到成就感?所以我觉得很有必要探讨一下这个问题。律师的成就感从何而来?

我们应该首先去客户那里找找,看看能不能找到成就感。

每个律师都希望得到自己客户的好评和认可,因为客户就是律师的首席评委,客户满意是律师办理案件的第一追求,是律师成就感的第一源泉。但是我们常常非常失望,因为客户常常非常吝惜自己的赞美,不会轻易将好评溢于言表,为什么这样?因为他担心你骄傲,唯恐以后不再继续努力为他办案。那么,如何判断客户的真实意思表示呢?他对案件的结果是认可还是失望?不赞美就等于不满意吗?

恐怕不是这样,我随便找一个案例,就拿新疆库尔勒的案子来说吧。原告起诉要求被告支付工程款 800 多万元,损失大概 1200 万元,加起来超过

平凡之路

2000万元。我代理被告进行抗辩,经过多次开庭,经过司法审价,鉴定机构认定工程造价490万元。最终法院判决支持赔偿原告490万元,至于损失,一分没有支持。

判决后,公司召集律师和领导召开会议,研究下一步对策,会议上我几乎没有听到领导对案件结果的一句好评,也没有听到对律师的赞美之词,甚至有领导认为案子败诉了。"难道是领导对案件结果不满意吗?"我惴惴不安地想。后来我打消了这个疑虑,因为客户后来继续找我代理案件。我揣摩,他们不想夸你,是因为他们希望律师戒骄戒躁,始终保持一种高度的责任感和服务意识,为他们提供高质量的法律服务。

当然也有很多客户,对于判决结果或法律服务成果永远也不会满意。比如法律规定量刑幅度在三年以上七年以下,结果经过律师的争取,法院判决有期徒刑三年,当事人还是觉得太长,认为缓刑才是满意的结果,如果法院判决缓刑,当事人会觉得无罪才是满意结果;再比如尽职调查报告或者法律意见书,本身就没有一个评价尺度,律师认为已经尽职尽责,穷尽一切法律手段,但是客户仍然会认为没有达到他想要的更好的结果,当然不会有赞美之词。

这个时候,你的成就感会大打折扣,挫败感会步步登高。怎么办?不要过分计较客户的评价,还是到别的地方看看吧。

对于就职团队的律师成员来说,你可以从团队领导、合伙人或者老板那里找找有没有成就感。因为你的工作好坏,是由合伙人老板直接评价的。老板会根据你的能力和特长,给你分派工作任务,任命职务,决定你的工资待遇,还有是否续签劳动合同等。

经常有人问我,怎样才能做一个优秀的律师助理?我总结了助理的三重境界:被动服务、主动服务和能动服务。我觉得老板最喜欢的助理就是,他不仅能够出色实现老板的想法,而且还会超出老板的想象,交出出人意料的成果，这就是能动服务。

这种律师就已经具备了独当一面的专业律师的能力，那么你的成就感来自哪里？如同合伙人想听到客户的夸赞一样，律师也很想得到合伙人说"不错，很好，很优秀"的赞美之词，然后心里会美滋滋好几天，干活也很带劲。可是，不管什么单位的老板，往往都很吝啬自己的赞美，不会轻易地夸你。如果一个领导经常把夸赞挂在嘴上，那至少有一半是假的，哄你好好干活而已。当然你的能力和努力，领导会看在眼里，记在心里，却不想说出来，因为他担心你会飘飘然，不知天高地厚，希望你更上一层楼。

律师的成就感还有来自单位或组织的评价和尊重。

本来律师事务所就是一个合伙企业，不是行政机关，没有严格的公认的职务等级。合伙人就是律师事务所里的最高身份，如果你业务做得好，对律所的贡献大，可以获得高级合伙人的身份，如果你还想要更高的荣誉，还可以有中国合伙人、全球合伙人等称号，另外律所也有各种委员会和部门的职务，我认为这都是一种激励机制，也是很多律师成就感的重要来源。

可是，如果你较真的话，往往也会感到失落。有一次我被单位邀请作为演讲比赛的评委，最后到颁奖环节的时候，我们七个评委有六个被安排上去作为颁奖嘉宾，唯有我被遗忘了。我默不作声地离开，后来组织会议的小姑娘向我致歉，我劝她别放在心里。前面我说过，我们头上这些虚职，什么业务指导委员会主任，什么全球合伙人，什么宇宙合伙人，本来都是自封的，何必当真呢！今天你是，明天就不一定是。

我们高谈阔论成就感，不能只是停留在精神层面，不能只是强调别人对你的评价，社会对你的评价，以及荣誉带给你的满足感。其实，我们不能离开物质回报来谈成就感。

我大学刚毕业那几年，闲来无事，喜欢上了文学，就试着投稿。起初都

平凡之路

是石沉大海，后来有文章发表在正规文学期刊上，这让我兴奋不已，成就感满满。1998年我有一篇稿子被采用在《少男少女》杂志上，两千字的文章，稿费给了600元，一时轰动了整个校园，我那时的月工资才300多元！成就感空前高涨！

精神鼓励对于一个文学青年来说，至关重要，而物质的奖励对于一个极度清贫的年轻人来说，更加重要。

比如，他可以在别人面前抬起头来，不再低头走路；他可以给为他提供故事题材的同事买两盒云烟，同事抬起大拇指说："够义气，够哥们！"；他可以给儿子买个玩具，儿子高兴地说："爸爸最棒！"；他可以请老婆吃顿大餐，老婆会认为自己老公很优秀；他可以还一部分房贷和外债，减轻自己的生活压力，提高生活质量。这些难道和成就感没有关系吗？

律师费是律师唯一的生活来源，很多地方的律师协会严禁律师提供免费的法律服务，甚至规定最低的收费标准，为什么？免费或者最低价中标，不仅会损害你自己的利益，还会损害别人的利益，更重要的是破坏整个律师行业的管理秩序。试想：一个生活在贫困线以下的律师，如何能够为客户提供高质量的法律服务呢？

当然律师费与服务质量不一定成正比，即使律师费不高的案件，律师也要尽职尽责地服务，提供高质量的服务是律师义不容辞的义务。如果你的努力和付出能够得到相应的等价回报，你的工作动力是不是就更大？你的底气是不是更足？你的成就感是不是就更高？

这个道理，在每个行业都是适用的，也是市场经济的动力。

如果你在客户那里找不到成就感，如果你在老板那里找不到成就感，如果你在单位那里找不到成就感，如果你在律师费上找不到成就感，不妨从自己这里找一找。

假如一个案件结果不错，客户却表示不满。怎么办？

即便客户认为，一个判决结果或法律成果没有达到他的期望值，无妨！律师自己心里要有一杆秤，扪心自问："我是否已经竭尽全力？我是否有不足之处？换作别的律师，结果会更好还是更差？这个结果是否出乎我的意料？我对这个结果是否满意？"只要你认为结果已经超出自己的预期，已经满意就可以了。还是举那个案例，我认为只要我尽力免除了被告的损失赔偿责任，就是一种成功，至于工程造价，那是鉴定机构的事情，很难改变。不管客户怎么想的，我认为没有让客户遭受额外损失，就是胜利，我战胜了对手，战胜了法官，战胜了自己。

假如一个案件的结果不尽如人意，客户不满意，你自己也不满意。怎么办？

我们代理了大量案件，有输有赢，胜败乃兵家常事，不能用案件结果来衡量一个律师的能力和水平。我们不可能只选择对我们明显有利的案件去做，案情简单的、事实确凿的、证据充分的、律师费高的案件可遇不可求。有的案件，律师付出很大努力，结果并不好，律师费也不高，是不是就没有一点成就感啊？可以换一种思路：至少你学到了很多，成长了很多，客户也吸取了教训，吃一堑长一智，这何尝不是一种收获？

假如没有得到单位的尊重、老板的加薪，你是否还要坚持？怎么办？

不要轻易放弃，每天进步一点，离成功不远，只要今天的你比昨天进步，就不是浪费时间。厚积薄发，蓄势待发，相信自己，坚持下去，你可能会大器晚成。"不积跬步，无以至千里；不积小流，无以成江海"，期待明天，为未来做铺垫。今天的你是一个初出茅庐的年轻律师，明天的你可能会成为一个资深的大律师。

当然，如果你不想坚持，不想努力，也体会不到什么成就感，那就在老

平凡之路

板炒掉你之前，先把老板炒掉，也是一种成就感。

可能你会说以上这些不就是一种精神胜利法吗？是的，成就感本身就是一种自我感觉，感觉的来源有外因，也有内因，到底还是内因决定外因，外因通过内因起作用。我觉得这是衡量一个人成就感最重要的途径，也是最有效的方式。

生活中，我们遇到老朋友、老同学、老熟人，一般会问："怎么样？"只要他回答："自我感觉良好"，就是一种最好的状态。成就感说到底，自我感觉最靠谱，不要在意别人的评价。

也许有人说，谈什么成就感？我就是喜欢做律师，无他，有钱难买我愿意，你管得着吗？

好吧，我无语了，这个话题就聊到这里吧！

并非天生的演讲家才能做好律师

> 不用担心性格会影响你的职业,完全可以形成自己独特的风格。
>
> ——题记

我说过,我是一个不善言辞、性格内向的人,总担心自己做不好律师。因为做律师需要和客户沟通,需要和法官沟通,在法庭上辩论,在报告厅上演讲。如果没有良好的语言表达能力,别人很难接受你的观点和意见,将是非常糟糕的事情。

那一年,我在出差路上见证了一场对话,感受到了语言表达能力的重要性。那是我在西藏高院开完庭后,从拉萨去日喀则的列车上,我发现邻座是一位藏民男子。从他和斜对面的一个孩子谈话的语气上判断,那孩子是他儿子,他很想和他儿子坐在一起,可是他儿子旁边的座位上有人。于是后面发生了奇怪的对话。

他突然问对面的男子:"你有票吗?"

那人也是一位藏民,先是一惊,然后没有理他。

他又问:"你买票了吗?"嗓门提高了几个分贝。

那人回答:"买了。"

他说:"拿出来我看看。"

平凡之路

那人说:"我为什么给你看,你又不是列车员!"

他起身突然伸手去拉那人的衣服,想要翻那人的口袋,两人就纠缠在一起。

那人为了证明自己,就从口袋拿出火车票在他眼前晃了晃,说:"这不是火车票吗?"

他放手坐回原处,不再言语,但是仍然焦虑不安的样子,瞪着那人干着急,那人就不理他。

我担心矛盾升级,就对那人建议:你和他换一下位置可以吗?那是他儿子,他们想坐在一起。

那人这才明白了,于是同意了。

一路上,我听着他们父子俩的欢声笑语,在想:为什么会这样和人交流?

回到拉萨,我跟拉萨分所的律师说起这事,他笑着告诉我:其实藏民非常淳朴善良,只是有的不善于表达,不了解的人可能会产生误会,所以我们律所会配备一定数量的藏族律师,便于和当事人交流和沟通。

口才好的人肯定吃香,这是大概率发生的事情。能言善辩的律师,也是当事人喜欢的,因为在老百姓的眼里,口才好,善于表达和演讲,才是律师应有的样子。

我通过了解、分析、归纳、总结本所律师及周围律师,得出一个结论:能言善辩的律师不一定都是在业界成功的律师,不善言辞的律师有很多也是成功的律师。律师并非都是演说家。

我刚做律师的时候,很不自信,担心自己缺乏天生的口才。于是,我努力改变自己。我每次见客户前,都要认真研究案子,列出问题清单,熟记相关法律条文,这样在接待客户时就有自信,自然沟通起来就畅通多了,表现得非常专业,非常擅长表达。最初,开庭时,也许是因为不自信,也许是天生的,我讲话声音小,被法官提醒过几次,有时候讲话有点快,书记员记不

约稿信

职场小白何以不迷茫?何以解每个人"隔行如隔山"的心头惑?

我们有个小目标,想邀请各行各业善于观察、总结、思考的资深内行人士通过写作来分享对行业、职业的经验、技能和心得,将散落各行各业的知识"颗粒归仓",帮助读者更好更快地成长。

如果您恰有兴趣和能力,与我们联系吧!

赵老师(微信:shingkitty)
刘老师(微信:sniperlbq)

通过写作,描述世界;
通过阅读,认识世界。

下来，也被制止过几次。于是我在下次开庭时，在档案袋上写上"大声，慢讲"几个字，时刻提醒自己注意改掉毛病。渐渐地不再有法官提醒我，而是夸我，尤其是法庭使用声控笔录后，我经常是被夸赞的对象。

律师发言不是口若悬河、滔滔不绝就好。

我们接待客户，起初很少发言，只是认真地倾听，客户不停地讲个没完，我一直很耐心地听。直到客户讲累了，我才发言。话很少，但会让客户感觉一字千金，句句戳到点上，让客户频频点头。

我粗略计算过，客户讲一个半小时，我只讲半小时。如果按照计时收费的话，应该还是按照两个小时收费，挺划算的！

我害怕摄像机的镜头。在北京做律师的时候，有朋友邀请我去给中央电视台做节目的点评嘉宾，我试了好几次镜头都没有成功，我一坐在灯火通明的镜头前就不知所云，大汗淋漓。要不是这个毛病，我早就出名了，而不是像现在一步一个脚印地奋斗了这么多年还在奋斗。

我起初给客户和律师讲课也紧张，因为面对的无数只眼睛，其实就是无数个镜头，而且这些镜头是活生生的。我哪怕备好了课，也做不到行云流水，口若悬河，滔滔不绝。每次讲完课，我都会惴惴不安，居然有听众发来微信说，讲得不错，受益匪浅。我知道，那是一种鼓励、一种礼貌而已。

所以我非常崇拜那些《百家讲坛》的讲师，我经常看这类电视节目，但是无论如何都模仿不来。为此，我非常苦恼。于是每次讲课前都要好好备课，以便尽量弥补这一短板。

还有，开会时大家七嘴八舌的时候，我最沉默。我虽然没有把自己当作局外人，一直想跟上大家的节奏，但就是插不进话。终于有人发现沉默的我，于是建议让张律师发表高见。我清了清嗓子，环视一下四周，轻轻地说："对不起，我没有高见。"

后来，我逐渐克服了一些毛病，逐渐自信起来，讲话也有了底气，讲课也有了艺术。但是我还是不愿意卖弄自己的语言，所以我推掉了很多培训机构和单位的讲课邀请，而且这些课都是有偿的，但是有些邀请让我盛情难却，比如来自中部战区的邀请。我在去中部战区给全军的律师授课前，好几天紧张得睡不好觉，吃不好饭。等到我开讲的那天，突然紧张感消失了，我行云流水侃侃而谈，讲出了自己做建设工程业务的经验和心得。部队干部们听得非常专注，我看一个军队的律师发的朋友圈的文案是：张刚律师深耕建设工程领域十几年，专业知识令人叹服，实务经验非常丰富，虚怀若谷、温文尔雅的谈吐和内涵更让人感受到独特的人格魅力。

这才知道，原来我也能讲啊！

关于语言表达，下面我说一下我个人的见解，不一定正确，毕竟这不是放之四海皆准的理论。我认为，做律师不是说讲得越多越好，不是说口才不好的律师没有机会，如果能够做到以下几点，你应该就是一个客户和法官都喜欢的律师。

1. 当说必说

一个人成熟的最高境界，应该是知道什么时候该说话，什么时候不该说话，什么时候该说什么话。比如要你发表质证意见、轮到你发表辩论意见、当事人咨询、遇到不平之事、作为嘉宾进行评论，这个时候，你就不能说"我没有高见"。

你也不能表现得呆若木鸡，为当事人利益，该争就得争，寸土必争，该说就得说，不能惜字如金。

其实，庄子说的"呆若木鸡"，原来是一个褒义词，他认为真正厉害的斗士，只有达到"望之似木鸡矣，其德全矣"的境界，才能使"异鸡无敢应者，反走矣"。

这与我在《做律师的三重境界》写的最高境界不谋而合："我坐在会客室，左手端着茶杯，右手摇着羽扇，默默听着当事人的娓娓道来，然后我笑而不语，拿出一个锦囊妙计，问题立刻迎刃而解。大家双手赞成，握手言和，皆大欢喜。"

但是，即便能够达到这个境界，最终你还是要表达意见，你不说话，人家也不会读心术。

2. 言简意赅

讲话或者写文章能够做到精炼，没有废话，是一种功夫，更是一种修养。

写代理词或辩护词，如果能够像《岳阳楼记》那样精妙就好了，试想如果把《岳阳楼记》翻译成现代文，就会成为小学生作文；如果翻译成英文，就更糟了，必定索然无味。

讲话不在多，而在精；讲理不在声，而在情。宋代词人黄升写道："风流不在谈锋盛，袖手无言味最长。"正是此意。

3. 直抒胸臆

摆事实讲道理，不要拐弯抹角，直接表达意见，可以避免误解和曲解。在法庭上，法官经常说："是还是不是，直接回答。"有些律师或者当事人就喜欢长篇大论，喜欢讲故事，唯恐法官听不明白。从起因说起，有的可能还有序幕，然后是发展、高潮，最后是结果，中间可能还有插曲，每一个阶段都想表达清楚，还要表达一些思想感情、心得体会等。

在这个讲究效率的世界上，哪有这么多的机会给你啊？

我提倡直抒胸臆，就像我在西藏的火车上处理我们可爱的藏民的纠纷一样。这样可以减少沟通的成本，避免不必要的误解，简单明了，事半功倍。

4. 逻辑严密

法律思维逻辑，是连接案件事实与法律适用的绳索，用得好，会产生巨大的力量。

 平凡之路

作为法律人,表达你的意见,势必围绕这些主题:权利义务关系是否明确?事实理由是否充分?证据是否确凿?证据链条是否严密?你的主张是否合法,是否合理,是否充满公平和正义?等等。

只有华丽的辞藻,没有逻辑,只能是一潭死水。

5. 文情并茂

这也是一个更高的要求和境界。在准确地表情达意的基础上,可以讲究一点情怀。

我认为,律师的所有工作和一切努力,基本上都是围绕"说服"二字进行的。不是吗?我们先是说服当事人成为我们的客户,然后说服法官采纳我们的意见,最终是为了获得胜诉。

为此,我们必须使出浑身解数,晓之以理,动之以情。

我们不必局限于言必称法条,不必局限于动辄引用司法解释,完全可以像某位刑辩律师一样,在辩护词里引经据典,大讲血亲复仇的故事,效果就非常好,只要能够打动法官和陪审团就可以。我也曾经在上诉状中引用仓央嘉措的诗句,从而打动了西藏高院的法官。

当然,衡量一个人,语言不是唯一的指标。卢梭就说过:"怀着善意的人,是不难于表达他对人的礼貌的。"

淳朴的藏民还有内向的人们,只要心存善意,都不会影响你的表情达意。而性格内向、不善言语表达的律师也不要自卑,只要你内心善良,只要你本领过硬,只要你持之以恒,迟早会成为优秀的律师。

法律人的优雅，是掷地有声的

> 无论你贫穷还是富贵，无论你落魄还是得志，心若淡定，万事从容，是一种高尚的品质。
>
> ——题记

我小学四年级的时候，二姐出嫁了，这么大的事，谁也没有和我商量。

那天我被老师留下背课文，在教室门口罚站，一直到太阳落山才回家。看到家里又少了一口人，心里很不是滋味，母亲说："过几天你可以去叫你二姐回娘家。"这个风俗我知道，这个权利非我莫属。

二姐嫁得不远，隔了一个村庄。二姐嫁的不是穷人家，所以二姐的婆家人对我的招待自然不错。记得那盘猪蹄子，我一个人啃了五块，手上黏糊糊的，用卫生纸去擦，纸也黏在手上下不来，越擦越糟糕。

二姐红着脸，拎着我去洗手。我回来继续啃，还是用手抓，筷子不管用。

我和二姐走在回家的路上，绿油油的麦苗一望无际，我心情大好。

"弟，我和你说点事。"二姐试探着说。

"啥事？"我问。

"你以后吃饭能不能优雅一点啊？"二姐说。

我沉默了很久，走了很长一段路，最后用袄袖子擦了擦泪水，使劲地点

平凡之路

点头。

后来跟着母亲参加酒席,就知道了很多规矩:大家都围着桌子坐好,不能动,等第一道菜上来,也不能动。第三道菜上来时,有人"一声令下",招呼大家夹菜,大家才能一起拿筷子,一起去夹同一道菜,而且要就近夹菜,不能特立独行,那样不礼貌。吃完筷子上的菜,不能再夹第二次,这时就要把筷子放在桌子上,正襟危坐,再次等待命令,然后再去进攻另一道菜。这个时候为了缓解尴尬,可以聊天,当然是没话找话的那种。看来,整个吃饭的过程,没有下手的环节。

没有经过那个贫穷时代的人,可能会笑喷,不理解这种行为,这其实是特殊时代的优雅。在食物匮乏的年代,其实人人都很饥饿,遇到村里红白喜事吃酒席,那就等于是过年,但是越在这个时候,越要忍耐,越要讲究礼仪,不能失态,不能放纵。"穷且益坚,不坠青云之志。"

这是我们老百姓的一种小文雅,也是农村人表示尊严的一种方式。

民以食为天,吃饭看似是小事,但是很多事情都是从吃饭延伸而来的,比如我们说某人"吃相难看"(也就是二姐教育我的原因),其实往大了说,是指一个人行事不体面有失风度,不讲究礼仪;严重的,就是太贪心,不讲原则,没有限度;再严重的,就是索贿,就是犯罪。

所以,谈优雅还是要从吃饭说起。即便在物质文明较发达的今天,虽然温饱问题已经基本解决,自然不用再讲究那么多的饭桌规矩,相反,主人最喜欢客人大快朵颐,但是有些礼仪还是要讲究。比如等着大家都到齐,坐好了一起吃,不能自顾自地吃;比如放一些公筷在桌子上,用公筷给客人夹菜;比如在饭店吃不完的菜要打包;等等。这些仍然不失为一种优雅。

我认为,中国人把优雅发挥到极致的事件,应该是魏晋名士嵇康在生死面前的淡定和从容。据说,行刑那天,嵇康的众多粉丝聚集法场,为的是一睹心中偶像的风采。嵇康没有让大家失望，他依旧镇定自若，抬头看看日影尚早，遂索琴一张，潇洒抚之，如痴如醉，这就是著名的《广陵散》，曲终声止，他仰天长叹："《广陵散》于今绝矣！"从容赴死，年仅四十岁。

这是古人的一种高雅，一般人很难做到。

魏晋多风流雅士，如潇洒倜傥七步成诗的曹植，如驾小船突遇狂风大作而临危不乱的谢安，如雪夜访戴兴尽而返的王子猷，如淡泊名利狂放不羁的竹林七贤，他们的故事传唱近两千年不衰，可见人们对于优雅之风的追求和渴望。中华民族的传统美德源远流长，其实我们今天仍然自觉不自觉地以不同的表现方式传承着。

我做律师助理的时候，独立处理过的第一个案子是一个安全事故。一个山东老乡去北京找我，哭诉他的侄子在一个工地被倒塌的龙门吊砸死，一起死亡的还有同村的两个农民工，他代表三个死者家属找我们律所代理这个案子。案子进入诉讼程序之前，主要是和公司老板谈判，所以主任派我这个实习律师去应对。公司老板被刑拘，取保候审出来就是为了解决赔偿事宜，她若是和家属签了赔偿协议，就可能判缓刑；若是处理不好，就可能判实刑。

起初，公司老板看我年轻，没有经验，约我到一个茶馆谈判，谈到中间，她见我态度坚决不肯让步，便拿出一个厚厚的信封，从桌子上慢慢推给我，请我多关照，可怜可怜她！

我把信封推给她，站起身，说："对不起，我可怜你，谁可怜那些死者？"我毅然潇洒地走出茶馆！

几番斗智斗勇之后，老板答应了我们的赔偿要求，当我把银行卡递到老乡手里时，他满含热泪一时不知道怎么表达谢意才好，突然拉着我的手非要请我下馆子，我拒绝了："受人之托，忠人之事，不用客气！"

我潇洒地挥挥手，走了。我当时觉得，自己的身影肯定很优雅！

平凡之路

以后的职业生涯中，我一直保持这种优雅，尽管有多个初识的客户说，张律师看着不像律师呢，我心中的律师不是这样子！可是我认为在物质文明高度发展的今天，精神文明也要与时俱进，法律人也不能总是老样子啊。

其实法律人的优雅无处不在，也别有一番风味。

高大的法庭之上，庄严的国徽之下，身着法袍，手持法槌，哪怕是严寒酷暑，依然正襟危坐，是一种优雅。面对复杂疑难案件，耐心审理，运用法律和智慧，定纷止争，原被告握手言和，皆大欢喜，也是一种优雅。尊重犯罪嫌疑人和被告，尊重律师，尊重法律，维护公平正义，更是一种优雅。

哪怕万水千山，千里迢迢，在炎炎烈日下提前等候在法庭门口，尽管汗流浃背，依然做到有备无患，不慌不忙，从容应对，是一种优雅。西装革履，不急不躁，不嗔不怒，不卑不亢，应付自如，不插话，不打断对方发言，尊重对手，尊重法官，也是一种优雅。熟练运用法律和经验，摆事实讲道理，不狡辩，不虚夸，实事求是，追求公平正义，更是一种优雅。

让所有当事人和律师等了一个小时才姗姗来迟，不是优雅；律师为了沟通开庭时间冲突问题，打了三十几个电话才接通，书记员只用两个字回复："不改"，也不是优雅；在法庭之上，大声呵斥正在发言的律师："滚出去！"，绝对不是优雅！认为律师就是找麻烦，千方百计与律师为敌，更不是优雅。

借敏感热点事件炒作自己，不是优雅；法庭上，法律人之间，相互进行语言攻击，甚至大闹法庭，不是优雅；法庭下，写文章攻击办案人员，抱怨司法不公，也不是优雅；与办案人员搞关系，进行不正当交易，违法乱纪，更不是优雅。

法律人作为一个共同体，共同追求真相和真理，让每一个当事人感受到公平正义，是一种大雅。

案源，永远是让律师忧心忡忡的头等大事，因为它决定律师的生存和命运。对于做了这么多年律师的我来说依然如此。尤其是,对于读者介绍的案子,我会格外重视。

一年国庆节前的一周,大同一个读者联系我,邀请我参加他们单位的一个投标,问题是标书和案件材料必须自己去取,然后国庆节前一天再去现场投标。

我思量再三:上海到大同1800多千米,飞机来回需要两天,给我准备投标材料的时间只有三天,还要去现场开标,国庆节的安排要打乱了,再说参加投标的有六家,中标的概率很小,成本很大。参加还是不参加?不参加吧,会失去一个机会!尤其是会辜负读者朋友的一片心意!

纵有万水千山,我决定勇往直前,好好准备!我们团队加班加点,终于在最后期限准备好了标书,按时参加了投标。

国庆节后第一天是开标的日子,从早晨七点上班开始,我就心事重重的样子,为了掩饰自己的不安,我若无其事地处理着手头的工作,镇定自若。下午五点钟快要下班的时候,助理慢吞吞地告诉我:"我们没有中标!"

我说:"知道了!"没有任何失落,没有任何气恼,仿佛一切就在预料中,极力表现出一种淡定和优雅。

我准备下班,端着水杯去茶水间,打算倒掉杯子中的茶叶,杯子不慎从我手中溜掉,掉进洗手池摔碎了!咣当一声,发出很大的声音,律师们都抬头向这边张望。

我从容地处理掉玻璃渣,然后优雅地转身离去,仿佛什么也没有发生。

平凡之路

律师,应该有点贵族精神

> 即便你爬到了山顶,也不要忘记你最初的梦想。
>
> ——题记

有一次在法院门口排长队等待安检,我听见前面两个律师聊天。

一个说:"那个某某律师整天牛气冲天,仗着自己比别人挣的钱多点,就不知天高地厚,在外面挂着几个虚职,拿自己当干部,完全不把年轻律师放在眼里。"

一个说:"这有什么了不起啊?挣钱再多,还不是一个农民工啊?"

农民工!我认真思考起来。

有一年,某司法局推荐多名律师参加该区的"优秀农民工"并予以公示,引来很大争议。大部分人纷纷惊诧:律师也是农民工?!

2020年5月1日施行的国务院发布的《保障农民工工资支付条例》第二条给农民工下了个定义:"本条例所称农民工,是指为用人单位提供劳动的农村居民。"从这个概念上来看,农民工的范围应该非常大,律师也可以包含其中,不信我们来看看农民工的特点有哪些?

1. 从农村来的,没有落户到城市。

目前绝大多数律师是从农村走出来的,不管你承认不承认,上推三代几乎都是农民,而且没有几个律师能够落户到大城市,更别说上海。没有落户到城市的律师,当然不能说是城里人,如果不出来做律师,其实就是庄稼人。

2. 主要集中在服务行业,以体力劳动为主。

公务员、教师、银行职员等行政事业单位人员不是农民工,国企、上市公司老板不是农民工,在高端科技行业就职的白领不是农民工。我们常见的农民工,更多的是建筑工人、保洁、保安、快递员等服务人员,律师也是提供服务的,是法律服务,本质是一样的。律师的服务不仅仅是脑力劳动,也有体力劳动,比如律师经常加班加点,准备证据材料。律师经常拖着沉重的案卷,长途跋涉去出差,拼的是体力,靠的是耐力,搏的是毅力。

3. 自己谋生,没有固定收入。

在劳务市场等待打工的农民工,有幸被选中了才有活干,才有饭吃。大部分律师都是自己找案源,经常投标,被人选择,所以有了案子才有收入,没有案子就没有工资,而且自己负担社会保险金,自己承担所有成本。所以那些公务员就不能算是农民工,那些拿股权分红的老板们不是农民工。

4. 自由。

或许律师最大的优点之一就是自由,可以很忙,也可以清闲,可以加班,也可以早退,不用打卡,也可以自由流动,从一个律所到另一个律所,从一个城市到另一个城市。同时,律师最大的缺点之一也是自由,你没有被客户选中的时候,就可以赋闲在家,只要能够忍饥挨饿,就可以自暴自弃,不求上进。

我们说律师属于农民工,这个观点大部分人还是不能接受,为什么呢?他们会罗列很多律师不同于普通农民工的特点:

1. 律师的门槛较高,对学历也有要求。

做律师先要过法考,法考的基本要求是法律本科以上,学历比一般农民

平凡之路

工要高。而且，法律硕士毕业生大部分都做了律师，一下子提高了律师的学历水平，最近盈科搞了一个博士论坛，据不完全统计盈科全国在册律师中有190名博士，这是名副其实的高学历农民工。

2.律师的穿着有讲究，不能太随便。

律师的职业化形象格外重要，从发型到服装，要求严肃规整，君不见法院门口站着排队、西装革履的都是律师，因为奇装异服，衣衫不整的过不了安检，上不了法庭，有的法院要求律师开庭必须穿律师袍，否则受处罚。谁见过在建筑工地干活的农民工西装革履啊？

3.普遍认为，律师行业整体收入水平较高，所以律师收入都很高。

其实这是一种误解。律师行业也存在"二八现象"，甚至有过之而无不及。也就是说，百分之八十的业务和收入集中在百分之二十的律师手里，绝大部分律师，尤其是年轻律师还挣扎在贫困线以下，他们的日子不比保安的日子好过多少。但是，既然是律师，就要拿出律师的样子来，在人面前不能认怂，没事也要按时上下班，装作内心淡定万事从容的样子，死要面子活受罪！

4.当事人拖欠了律师费也要忍着，不能说。

一般的农民工在年底拿不到工钱，就可以去劳动监察部门投诉，很快会有人出来帮他们说话，讨得工钱，欢欢喜喜回家过年。律师不行，客户欠了律师费，律师也只能忍着，哪怕开票好几个月不付，也不能去要。因为律师知道一旦得罪了客户，就没有了案源；没有了案源，就没有了饭碗；没有了饭碗，就没法和老婆孩子交代。对于实在不像话的当事人，律师在忍无可忍的时候，只能拿起法律武器去打官司，走正规的法律程序。

虽然如此，律师本质上还是农民工，尽管不同于普通的农民工，只是我们不想承认罢了。而且一些律师还想极力地证明自己在从事着高大上的工作，甚至自以为我们应该是"贵族"，其实不然。

我在一篇文章里，看见秦晖老师说过，要少些"精神贵族"，多些"贵族精神"。我认为这句话放在律师行业里，再合适不过了。我们有的律师业务做好了就飘飘然，觉得自己高人一等，就忘了初心，远离人民群众，自私自利，颐指气使，目中无人。我们不能当贵族，但应该有点"贵族精神"。

那么，律师应该有哪些贵族精神？我认为有以下几点是可以提倡的：

1. 法律职业共同体中，相对于公检法，律师是唯一没有权力的职业，但并非没有作用，依然不能忘记要为公平正义呐喊，我们要在中国法治建设的道路上成为一股不可忽视的力量。

2. 律师懂法，但更要守法，不能知法犯法，钻法律的空子，要带头坚守法律底线，诚信办案，依法办事，在法律框架内全心全意为当事人服务。

3. 大部分律师的工作虽然艰难，但是仍然持之以恒，坚持自己对于法律的信仰和对律师职业的热爱。有时候律师这么拼命，不都是为了钱。很多律师每年都要代理几个法律援助的案子，为那些弱势群体代言。很多冤假错案的纠正，离不开律师坚持不懈的抗争和无私的奉献。

4. 不要为了抢到一个案子，就不择手段，虚假承诺，恶意竞争，会破坏律师形象，不要为了多拿点律师费就斤斤计较，不依不饶。谦让是一种美德，不争是最好的争。老子说："夫唯不争，故天下莫能与之争。"

5. 要时刻注意加强自我修养，培育高贵的道德情操和文化精神，培养正确的荣辱观和正义感，对人对事不卑不亢，平和大度。

据说，林肯做律师的时候，平易近人，古道热肠，他的律师合伙人赫恩登先生回忆说："每当拉特利奈客栈客满时，林肯总会将自己的床位让给旅客，而自己却跑到店铺里，拿一卷花布当枕头，在柜台上将就着过上一宿。"逐渐地，在大家遇到麻烦的时候，就会主动来找林肯。林肯这种与人为善的慷慨品格，使他深受人民的爱戴和拥护，他的名声慢慢大起来。

 平凡之路

我们知道,后来林肯虽然不做律师,但是他还在为客户服务,他最大的客户是全国民众,最大的案件是为整个国家提供服务。

作为律师,能够为别人提供法律服务,是一种荣幸,能够被称为农民工,是一种荣耀,那就好好珍惜吧!

青年律师如何建立良好的人脉？

> 衡量一个人财富的最重要指标应该是人脉，而不是金钱，因为它是无形资产。
>
> ——题记

"无价之姐"的人脉网

那天，我接到二姐的电话，聊完家常，她小心翼翼地问："弟，大律师评选上了吗？"

我知道二姐说的是我们单位评选百名大律师的活动，就是从盈科全国近万名律师中评选一百名律师，授予"盈科大律师"称号。我参加了评选的演讲活动，开始时，我发了一个朋友圈，意思是号召大家给我投票。我起初以为，观众投票是一个主要指标。

二姐告诉我，她看到我的朋友圈后，就发动了她所有的关系和人脉帮我拉票。二姐是一个农村妇女，家里开了一个小卖部，平时人来人往的，因此认识很多人，赊账的人居多。当然，主要是二姐人缘好，姐夫也是老实人，谁家有红白喜事，自然少不了她们，出人出力出钱不说，还搭上功夫不遗余力地帮别人，在村里口碑极好。

二姐以自己的方式为我拉起了选票,她向每一个来买东西的顾客发一个通知:赶紧给孩子的二舅投票,评选大律师!

于是,一传十十传百,消息在村子里传开了,不明就里的村里人争相参与。可是老人们不会使用手机投票啊,就排队上门请教投票的方法,门庭若市,络绎不绝。老头老太太投票成功的,就心满意足地走了,没有投票成功的,就急得团团转。我记得有一会儿,盈科的投票系统瘫痪了,大家投不了,奔走相告,急问原因。

活动结束后,结果却迟迟没有出来,二姐在家里不间断地接待前来问询的人群,俨然成了村里的新闻发言人,后来她以为我没有选上,就不敢再提。二姐以为自己的工作没有做好呢!

二姐还在电话里绘声绘色地讲着,我已经笑得不行了。

其实,她们的投票没有多少作用,我后来才知道,投票只是一个参考指标,占分很少,更多的评分指标是业绩、执业年限、所内所外职务、荣誉、著作成果等,打分规则非常细化。我没有告诉二姐这些,我说:"替我谢谢他们,告诉他们吧,我评上了。"

二姐高兴得不得了,我的眼睛却湿润了!

好的人脉可以走天下

人脉可以用来安身立命。战国四公子之一的孟尝君让其门客冯谖去其封地薛地收租,结果冯谖空手而归,问他原因,他回答道:"我代您免租了!"孟尝君闷闷不乐,也不好发火,就此作罢。后来孟尝君被齐王怀疑,失宠出走,返回薛地,几千门客纷纷离开,只有薛地人夹道欢迎,孟尝君才恍然大悟,当年冯谖已为他收买人心,打通人脉,这让他感动不已。

人脉可以用来救命、打天下。鸿门宴上,刘邦得以脱身的一个重要原因是项伯在项羽面前为其说了不少好话,并在鸿门宴上舍身仗剑相助,刘邦才得以脱身。为什么刘邦在敌人的阵营里也有贵人相助啊?这就是刘邦的特殊人脉。其实,刘邦之所以能够称王的法宝,关键就是善于用人,人脉广泛。

我的人脉可以用来走天涯。

我在业务上总是竭尽全力地去为客户服务,在建设工程领域积累了一定的人脉,虽然不见得都能够成为我的客户,也不可能都为我带来案源,但是在关键时刻,有人可以为我说话。

我有一个案子,案情很简单,是关于建设工程施工合同的纠纷。工程2017年竣工验收,直到2019年才结算,双方签订结算协议并约定付款时间,我代理施工单位申请仲裁要求支付工程款,并主张优先受偿权。我接受代理后信心满满,认为当时的《建设工程司法解释(二)》(该文件现已失效)出台后,应该是更加有利于保护施工人的,优先权应该没有问题,而且我们是在结算后六个月内提起申请的。

结果仲裁委支持了我们的工程款,但驳回了我们的优先权,认为我们的

 平凡之路

优先权已经丧失。仲裁几乎不能救济,结果已经无法改变。公司法务告诉我,领导大为恼火,决定以后弃我不用,遂找别人推荐新的建设工程专业律师,结果有两个老板先后推荐了同一个律师,法务说:"你猜是谁?"

"谁啊?"我急问。

"你!"他说。

我有一大批读者,我认为这是我最好的人脉。我的文章和书给我带来大量的"粉丝",说是"粉丝",只是为了满足自己的虚荣心而已,其实都是朋友。这些人里年轻律师最多,其次是公司法务,然后是公检法系统的朋友,也有法科在校生。至今为止,没有一个读者给我带来一个案源,为什么说这个呢?这本不是我关心的事情,却是很多人关心的事情,以为我是律师,积累粉丝应该是我出书的目的之一。其实这是一个天大的误解。事实上,有读者介绍过案子,我没有做,而是介绍给了其他做律师的读者,因为我认识太多做律师的读者,可以共享人脉资源,这就是我的人脉。

有人会问:那么,你有这么多的读者人脉有什么用吗?

我讲一个故事:2018 年,我去内蒙古乌海办案。这是一个离上海很远的地方,我没有去过,需要经停呼和浩特。我在虹桥机场出发前发了一个朋友圈说:"准备出发,目标:乌海。"

结果我在呼和浩特落地,打开微信看到一个乌海的读者留言问:"张律师,几点到乌海?我去机场接你!"

果然,在乌海机场出口,一位读者开着车来接我,着实让我受宠若惊。他带我吃了美食:内蒙古最具特色的手把羊肉,带我去看了乌海的特色风景:沙漠,这也是我第一次近距离接触沙漠。

我们的这种关系交往起来非常轻松,没有利益,没有约束,没有负担。所以这个读者的热情招待,在那个寒冷的季节,让我顿时对这个荒凉偏远的

地方的陌生感减少了不少，美食和美景增加了愉悦感，还有温暖。

建立良好人脉的三大法宝

人脉对于律师来讲，应该是安身立命的资本，尤为重要。青年律师如何才能建立自己的人脉呢？我认为，只要掌握三大法宝，你的人脉资源就会越来越丰富。

一、靠人品赢得口碑

不管多小的案子，既然接了，就要做好，哪怕没有多少收益。做好了，久而久之，大案子自然会来；不管什么样的客户，都要诚心相待，因为你的声誉要靠他们口口相传，每一个客户背后，都有无数个潜在客户等着你。

人品好的人，自带"光环"，你若盛开，蝴蝶自来。

二、靠专业赢得尊重

用你的专业征服客户，征服对手，用一个个成功的案例证明自己是一个专业律师，才会赢得更多客户的信任和尊重。

有的律师不去研究业务，爱走歪门邪道，专搞公检法的关系网，以为这才是律师的人脉，对当事人言必称自己认识某某法院的院长，某某公安局的局长，某某检察院的检察长，甚至对全国的法官如数家珍，其实这是不务正业。常在河边走哪有不湿鞋的？

三、靠时间赢得积累

记不清是谁说了这样一句话："任何人，在一个领域只要坚持十年，就一定会成为这个行业的专家。"也就是说，成功是需要时间的。

平凡之路

所以，年轻人不能急功近利，需要经过长时间的艰苦创业，需要忍受清贫和孤独，需要历经失败和磨难，才可能会有收获。案子是一个一个做成的，客户是一个一个认识的，经验是一点一滴积累的，人脉是一点一滴建立的，这些都不是一朝一夕的事情，而是一个长期的过程。

坚持不见得一定成功，但是不坚持，一定不会成功。如果你有良好的修养，有扎实的专业知识，加上持之以恒，每天进步一点，离成功就不远了。

律师的战斗力都是被逼的

> 我本善良,不要逼我,否则你会输得很惨。
>
> ——题记

在人们看来,律师都是能言善辩的。在我决定改行学法律的那一刻,还没有做律师的打算,因为我知道自己笨嘴拙舌的弱点。

我自小性格内向,不爱和人打交道。人多时不敢讲话,一张嘴大脑一片空白;不敢和女生说话,一张嘴就脸红、不知所措、手心冒汗;和别人吵架,十分理讲出三分就不错了,往往吵不过两句话就动手。我属于那种在班里总是被安排在教室最后一排的学生,不是单纯因为我长得高大,我认为主要原因还是自己老实巴交的样子容易被人忽视。

后来对做律师有点想法了,也没有太大的信心,即便在就读法律硕士期间,也是这种心态。我连自己的权益都保护不了,还怎么保护当事人啊?

2004年春节放假,从沈阳回山东的火车票很难买,最后我好不容易买到了一张卧铺票和一张硬座票,上车后我们打算一家三口挤在一张卧铺上,结果等到熄灯前,列车员查铺打乱了我们的计划,就连过道的座位上也不让我停留片刻,我被赶走了。

我洒泪告别妻儿,当艰难地穿过五六个拥挤的车厢,满头大汗地找到自

已的座位时，我的座位上已经有人了。上面坐着一个大妈，看样子就不是善茬。

我弱弱地说："对不起，这是我的座位。"

大妈对我翻了一个白眼，说："你的座位早就没了，谁让你来得这么晚啊？"我和她解释来得晚的原因，她理直气壮地说："座位是有时间限制的，这都过去三个小时了，你才来，如果一个晚上你不来，我们也都给你留着吗？"

我不想和她争执，一是因为大妈的架势一看就是已经做好充分的战斗准备；二是因为周围旅客的很多眼睛在看着我们，我不想成为公众人物；三是因为我当时没有找到反驳她的理由，我刚刚读法律硕士才半年，老师在课堂上也没有教我们火车票的时效性到底有多长时间。于是我只好在她边上默默地站了一个晚上，半夜我看着呼呼大睡的那个女人在想：我连她都斗不过，还做什么律师啊？

毕业后我还是做了律师，在曲曲折折中前进，在磕磕绊绊中成长。我做律师有点感觉后不无感慨地得出一个结论：如果不敢于挑战自己，你永远不知道自己有多大的潜力，鸭子被赶上了架，有可能会飞起来。

我本愚笨，我本懦弱，律师职业却让我逐渐变得强大。我在没有案源的时候学着忍受孤独和寂寞；在遭受挫折后擦干泪水咬牙前行；在激烈冲突的法庭上学会了思辨和应对；在被开发商围困一天一夜后学会了坚强和坚持；在被当事人误解后学会了忍耐和宽容；在与法官沟通中学会了变通和策略。

机智应变的能力，是一个律师战斗力的最好表现。一个案件，无论庭前准备得多么充分，都不能避免法庭上出现突发情况，这个时候就需要律师随机应变，也要考验律师的专业素养。刑事辩护律师在这方面表现得相当突出，因为他们面对的是强大的公权力。

在别人眼里，我是一位不苟言笑、不欲张扬、平易近人的人，很容易让人认为是"文弱书生"。没想到我在法庭上虽然言语不多，但铿锵有力，表现出来的战斗力是惊人的。在这里我还原一下庭审辩论现场，看看我是怎样战斗的。

2020年11月在北京仲裁委，我是申请人的代理人，被申请人的代理律师是两个青年律师，其中一个女律师非常强势，总是在无关紧要的细枝末节上不依不饶，长篇大论，滔滔不绝。我开始时不温不火，不紧不慢，后来被女律师逼急了，我们双方展开了针锋相对的辩论，非常精彩。

没有硝烟的战争开始前，我先交代一下案情：我的客户在斯里兰卡承接了汉班托塔国际机场的项目，工程完工后，总包方迟迟不和我们结算，仍然欠付部分工程款。合同价是固定总价，没有结算，没有验收，很多证据因为在国外，导致我们的证据有所欠缺，所以我们有点被动。

第一轮辩论是关于合同价的问题。

我认为涉案合同是固定总价合同，现在机场已经投入使用，就应该视为竣工验收，就应该按照合同约定的价格支付工程款。

对方女律师认为，这个合同不是固定总价合同，而是固定单价合同，不能按照合同支付工程款。

我认为，无论固定总价，还是固定单价，对方需要举证证明我们哪些地方没有施工，可以扣除相应的工程款，不能举证就要承担不利后果。

主裁说：申请人说的有道理！被申请人承担举证责任。

这一轮是法律专业知识的交锋，不仅需要精准吃透合同的要点，还需要精确使用举证规则。我认为我们胜出。

第二轮是关于"背靠背"①的条款问题。

女律师认为合同有"背靠背"的约定，发包方没有支付工程款，作为总

---

① 这里所谓的"背靠背"是指，分包合同的履行，是以承包合同的履行为前提条件的，比如：承包人向分包人付款的前提是发包人已经向承包人付款。

平凡之路

包方的他们有权利不支付分包方即申请人的工程款。

主裁问被申请人:"哪些条款可以证明你的观点?"

女律师指出一条,我回应说这是工程量确认的"背靠背",不是工程款支付的"背靠背";女律师又指出一条,我回应说这是过程结算的"背靠背",不是总结算的"背靠背",也不是支付工程款的"背靠背"。她有点急,低头仔细寻找了一番后,突然自信满满地说:"请看合同第10.4.6款,明确约定在发包方向总包方支付工程款后十日内,总包方根据分包方的申请支付相应比例的进度款,在发包方支付工程款之前,分包方无权主张工程款。"

这下傻眼了吧!这就是支付价款的"背靠背"啊!我一时语塞,庭审前我确实没有仔细阅读每一个条款,本来是我的助理准备的这个案子,结果她临时有事来不了,我才临危受命的。

主裁问:"申请人怎么解释?"主裁在催我。

我需要在五秒钟内看完这一段话,大概一百多个字,吃透其中的内涵,并找出有利的反驳事由。空气似乎凝固了,大家都在等待我的回答和解释。在激烈的庭审中,你的应答绝对不能超过五秒钟,五秒钟的静音仿佛过去一个世纪,这就是相对论在法庭上的例证,意味着你要认输。

我稍稍停顿了一下说:"这是**进度款**的'背靠背',不是**结算款**的'背靠背',我们现在要的是结算款。"工程款的支付有很多方式,有预付款,有进度款,有结算款等,这里的条款显然是指进度款,我们现在主张的是结算款,此工程款非彼工程款。

主裁忍不住脱口而出:"申请人反应太快了!"

庭后我的客户问我:"你认识主裁吗?"我说:"主裁是仲裁委指定的,我和他非亲非友,没有任何关系,大家都戴着口罩,我甚至看不清他的脸庞,怎么认识啊?"是的,我知道这是主裁由衷地赞叹,是对法律人同行机智应

156

变和巧妙回答的尊重和肯定。

　　这一轮的辩论是应变能力的交锋，有理不在声高，有力不在言多，我认为这一轮又是我们胜出，不管结果如何，我已经完美展示了自己的战斗力。案件后来的结果，证实了我的判断。

　　很多时候，机智的回答，巧妙的应变，还不是被对方逼的吗？这场官司结果是我们赢了！

　　律师做久了，思辨的能力就提高了，在得以有力地维护当事人的利益之外，也会把这种能力运用在日常生活中，让我变得更强大。

　　前面讲到我在火车上遇到一个大妈，一交锋我就败下阵来，十七年后我又遇到一个大妈，这次情况便不同了。

　　那天下午，我下班路上去超市买菜，选好了菜我排队等待过秤。轮到我时，一个小伙急急地插过来，他说就买一份，我就让了他，小伙刚拿走，一个大妈插了过来，她说也是一份，我也让了，但是她这份菜还没称完，又转身去拿别的菜，好几包一下子全堆过来，我就感觉不对了。我说："不能没完没了啊！"

　　她说她着急回家做饭。我说我也着急啊，我家里还有一老一小等着吃饭呢。

　　她就急了，说什么我让刚才的小伙插队，为什么不让她插队，说什么是工作人员同意她插队，你有什么权利不让？

　　我也急了，她在和律师谈权利呢！但是作为一个大男人不能在众目睽睽之下和一个女人争执啊！怎么办？

　　我向大妈说："对不起我没有怪你的意思，"又转而对那个过秤的人员说，"是你的不对，你作为工作人员，应该公平公正，大家排队，应该有个先来后到，如果你纵容有人插队，是不是影响你家超市的形象啊？"

　　那个工作人员理直气壮地对大妈说："不能插队，往后排队。"然后给我过

 平凡之路

秤,我拎着菜走出超市门口时,还听到大妈在和工作人员争辩。

不要以为我愚笨,那是因为我低调,你还没有激发我的潜力,没有给我机会展示我的才智。不要以为我懦弱,那是因为我善良,不想与你计较,你还没有激发我的斗志。

既然选择了律师这条道路,就要努力让自己变得强大,为了客户的合法权益,更是为了心中的公平和正义。

律师不是你想象中的那样强大

> 在工作中，我们往往非常较真，在生活中，却常常忘了自己应有的权利。
>
> ——题记

我经常遇到这样的情形：在外遇到陌生人，对方一听我是律师，立刻抬头认真打量我，好像极力想从我身上寻找不同于常人的地方，恰巧我的高大形象印证了他的判断——律师都是很厉害的人！

其实不然。

自己的权利很渺小

我和媳妇折腾了一个晚上，几乎没有消停，刚要想睡会儿，天就亮了，闹钟就响了。媳妇挣扎着起床，我有气无力地说"请假吧，别去上班了。""那可不行，今天是周一，下午要开管委会会议，很重要。"她说着，身子却动不了。

周日上午我们爬完狼山，中午在一家餐馆吃饭，晚上吃的是中午打包回来的，没想到吃完不久噩梦就开始了。我和媳妇都开始感觉肚子疼，然后开始轮流去卫生间，我在包里找了点肠炎宁，吃了也无济于事。她清楚地数着，她一晚上去了19趟卫生间，都是扶着墙进去，扶着墙出来的，我还好点，是

个位数，也已经是浑身无力。

终于熬到了天亮，我去药店拿了一些药，总算止住，但是身体已经虚脱，胃口全无，只能喝点水出发。她去上班，我回上海。

晚上，我问："还拉吗？"

她回复："又拉了四次。"

我说："明天在家休息吧。"

她说："不行，明天开车去南京，南京终于变低风险了，我要回去。"

我说："身体还不好，别太拼了！再说这家餐馆太坑了！"

她说："是的，太坑了，我们请律师吧？"

哈哈哈哈，我知道她是开玩笑，这真是一个纠结的问题。作为律师，自己身上发生的侵权事件，我们从未想去维权，而是一笑了之；但对于客户的诉求，我们却寸土必争，是不是有点讽刺意味呢？

我在北京最初执业的几年，代理过很多"鸡毛蒜皮"的案件。比如一个大学生来找我，说他被同宿舍的同学打了，他去报警，警察不受理，他要去法院告同学。我问伤到哪里呢？他撸起袖子，让我看他的胳膊，上面有点红肿，是在桌子上碰的，当然是同学推的。我说这点伤够不着刑事犯罪，也没有必要起诉，赔偿金额很少，那么你花了多少钱？他说，连挂号费加上药费一共320元。我想笑不敢笑，因为看到他义正词严壮怀激烈的样子和对律师期待的眼神，我只能忍住，表情也认真起来。

他问："张律师，你说我能不能告他？我不在乎能赔偿多少，就是为了让打人者知道自己的错误，我要他向我道歉！"

起诉是你的法律权利，我说："你先回去冷静冷静吧，请律师要花律师费，可能比你获得的赔偿数额高，得不偿失的。"他说："我不在乎律师费，我就是为了争口气。"

"好吧，你下周再联系我。"

我以为过几天，他消了气，起诉就不了了之呢，不料他果真联系我，坚持要打官司。

法律没有规定，律师也不能因为案件小就拒绝为当事人代理。我还真的为他代理了这个案子，是基于他对法律的信仰和对律师的信任，而且他坚持的诉求没有问题，符合法律要求。他对于合法权益的执着以及他身上体现的法律意识和法治精神难能可贵，应该受到保护。

于是，我们把那个"坏同学"告到法庭，两个同学从同一个学校同一个宿舍出发来到同一个法院同一个法庭上。开庭前我在法院门口见到了那个打人且固执并拒不道歉的趾高气扬的同学，我见证了威严的法庭和严肃的法官给他的威慑反映在他脸上的不安情绪，并且他最终低下了傲慢的头。结果在法庭主持下，双方进行了调解，被告愿意赔800元，并当庭给原告道了歉！这个较真的大学生赢了！

这几年在上海做律师，碰到了不少这类事情。我被人追了尾，下来看看凹陷的车屁股，又看看车水马龙、熙熙攘攘的车辆，都在等着，我一挥手，算了，走吧！亲戚家孩子在游乐场被碰伤了，不停地打电话给我，要人家赔偿，一来二去，好几天电话不断，想尽各种办法，绞尽脑汁地帮他。每次回老家，都有老乡来找我咨询，无论大小事情，我都要毕恭毕敬地接待，不厌其烦地回答。而母亲的医疗事故，最终也没有要个说法，只能煎熬着直到生命终止。

不知道为什么，律师好像大多都是这样，自己遇到麻烦时，会感觉无奈和无助，仿佛一下子回到原始状态；当客户遇到困难时，哪怕是鸡毛蒜皮的小事，也要据理力争，将法律武器用到极致，自己瞬间成了猛士，成了救世主。

平凡之路

公众面前是弱者

我们能体会得到,人们一听说你是律师,就敬而远之,因为他们认为我们手里有法律武器,仿佛有特别的权利,没人敢欺负你。其实不然,当走在人群中时,我们都是一样的人,有时候律师还是弱者。

弱者?你肯定不信,不信听我讲一个真实的故事。

我和助理从长沙落地上海虹桥机场,下飞机时,在我前面一个小伙子磨磨蹭蹭挡着过道不走,我催了一下,他回头鄙视地看了我一眼。快到门口时,他故意挡在门口不走,我又催一下,可能是我的箱子触碰了他的箱子,他生气地说:"你急什么?把我箱子碰烂了你赔得起吗?"

我没有理他,而是直接把他挤到一边走出去,他在后面紧追我,我回头停下往后看,他气势汹汹地说:"看什么看?怎么着?你想打架吗?"我说:"我等我的助理出来,没有看你啊,你自作多情了!"

我们就这样在航站楼的通道里边走边吵,他个头只有一米七不到,倒是有点壮,但是如果真要动起手来,一米八的我自信用不到一个回合,他就会趴下。我在《这年头做律师,没点"武功"还真不行》的文章里已经披露过,我是偷偷练过的,虽然是自学成才那种,但是对付这种小毛孩不在话下。我不知道他哪里来的自信。

我那个助理一米八七的大个子,五大三粗的,一直跟在我们后面,跟了很久才弄明白我们在争论着什么。他起初以为我遇到了老相识,在热情洋溢地交谈呢!

那个小个子像是打了鸡血似的,好几次挥着拳头向我扑过来,我只能躲着,免得被碰了瓷。我只是和他理论,没有动手。

若是在十五年前,刚刚做律师的时候,我早就按捺不住了,那时初生牛犊不怕虎啊。

2006年，二姐带着母亲去北京看病，我和太太带着儿子送她们去北京站，回来时很晚了，七岁的儿子在地铁上睡着了。太太搂着儿子，儿子的脚伸了出来，但与旁边的一个女孩的胳膊还有一点距离，她时不时地用厌恶的眼神看我们，太太就把儿子的脚拢了一下，没想到儿子睡梦中一伸腿又出去了，那个女孩吓得"啊呀"一声，她旁边的男友愤怒地站起来，开始斥责我们：什么素质啊！能不能把自己孩子管好啊！

我二话没说，上去就把那个男人掀翻在地，我们两人厮打在一起，我在上面，他在下面。那人也很壮，他在下面反抗时把我的眼镜打掉了，混战中我的眼部吃了一拳。后来肿起来，发黑发紫，像大熊猫，导致我上班时遮遮掩掩的，路上戴了墨镜。主任问我怎么啦，我说摔的。有人哈哈，问是老婆打的吧？我不再辩解。太太和儿子很长一段时间戏谑地喊我"瞎眼律师"，以此警告我的冲动。

当时打架太过投入，没有注意地铁为此停运了几分钟，有警察过来问："你们打算去警局处理，还是各自回家啊？"

我弱弱地说："我们自己回家吧！"

现在想来后怕啊！从此，遇到不平之事，忍耐忍耐再忍耐，君子动口不动手。

那个小个子还在我身边喋喋不休，看我老实巴交的，就越发挑衅我。快到出口时，我实在忍不住了，愤怒地靠近他，举着拳头对他说："你以为我不敢揍你啊？你要知道，打赢坐牢，打输住院，一旦动起手来，你就是住院的那一个！"

他被我突然爆发的气势吓住了，放慢了脚步，慢慢往后退缩。

助理笑得合不拢嘴！我也笑了！

 平凡之路

法庭上是强者

在上海市区的法院开庭,我不敢开车,也不敢打车,太堵!坐地铁最靠谱。

那天,我从单位出发,穿着律师袍去挤地铁,连续两次都没有挤上去,我有点恐慌了,再上不去就要迟到了。第三趟地铁来了,我使出吃奶的劲,终于在车门缓缓关闭前最后一个挤了进去,结果车门把我的包夹住了,我怎么抽也出不来。车启动了,我不能硬来啊,众目睽睽之下,一旦太用力,包可能会撕烂,于是我就在门口托着,我想大不了托到下一站吧。

下一站开的是左边门,大不了再托一站,再下一站,开的还是左边门。我想啊,反正我还有五站地,你总不能都是开左边门吧?我就这样托着公文包,穿着律师袍,身边的人在不断地变换,来了,走了,唯有我一动不动。很多人投来同情的目光,也有不理解的,以为我在刷存在感,或者在演戏什么的。终于到第五站,我要下车了,竟然开的还是左边门,我急了,一使劲,皮包就出来了,闪了我一个趔趄,其实就夹了一点点皮,只需稍稍用力就能出来,完全不用托举五站地的。

这样尴尬的乘车经历以前经常有,所以我满不在乎。我高中时乘公共汽车回家,车上很挤,我刚好靠近一个漂亮的女孩,汽车不停地颠簸,导致人群东倒西歪,我两手用力地撑着,护着她,为那个女孩撑出一片天地,她感激地看我一眼,我脸就红了。我到站了,检票时我掏了半天,没有找到车票,售票员抓住我的胳膊,说小伙子不能逃票。我连忙辩解,情急中,看到那个女孩用异样的眼光看了我一眼,就转过头去。我找不到票只好补一张,伸手掏钱时掏出来的却是那张车票,我扔给售票员就走了。走在乡间的小道上我很难过,不是因为那个售票员对我的误解,而是那个女孩对我投来的鄙夷的眼光。

出了地铁口，我紧跑慢跑，大汗淋漓地来到法院门口，当事人列队站着，已经恭候多时了，他们一见到我，纷纷热情地打招呼，我听到有人说，我们的大律师终于来了！

　　开庭时，我全身心投入到激烈的战斗中，丝毫没有被地铁上狼狈的遭遇所影响，我庭审中出色的表现获得当事人的高度认可。我还看到，旁听席上有个大妈偷偷地拍照，庭审结束后我对她说法庭上不能拍照。她激动地说："回家让我儿子看看大律师的风采，让他长大后也要当律师，当一个像你一样优秀的律师。"她还说："做律师多风光啊，高堂之上，正襟危坐，侃侃而谈，兵来将挡，水来土掩，俨然一个魏晋名士。"

　　这个有文化的大妈，令我十分汗颜，受宠若惊。

　　走出法庭，当事人问我，张律师的车子停在哪里呢？要不我们送你吧！我说："等会儿我助理会来接我，你们先走吧。"说完我松了松律师袍上面那个显眼的红色的领带。

　　"好的，再见张律师！""再见！"我见他们走远，偷偷地溜进地铁站，又挤进了人群里。

　　这次，我把包搂紧了。

 平凡之路

做一个真正的律师还是真实的自己

> 戴着面具太累了,别装了!
>
> ——题记

千万不要把律师看作救世主,律师自己也经常纠结在矛盾的旋涡中,左右为难,不知所措,不信,你看看下面几个问题。如果你是律师,能不能给出一个圆满的答案和解决方案?

面对客户的千古难题,律师应该如何回答?

我认为客户抛出最多也是最难回答的问题,大概就是这个:能不能帮我打赢这个官司?

有时候,客户一见面就提出这个问题,你只能说,你需要先了解案情,才能作出判断;谈到中间,客户又提出这个问题,你只能说,现在证据还没有全面了解,不好说;谈到最后,客户终于忍不住了,再次提出这个问题,律师必须回答,你再继续支支吾吾,当事人就要拂袖而去了。

如果你说,这个案子没有问题,肯定能赢。或许这是客户最想要的回答,或许你因此拿到了这个案子,签了合同,但是给你自己埋下了隐患:一是法律规定,不能向当事人承诺案件的结果;二是一旦败诉,当事人会让你吃不了兜

着走。

如果你说,这个案子结果不好说,不敢保证胜诉。这是客户最不想听到的结论,因为他会认为你不够自信,没有自信,就是没有能力,没有能力就是不够专业。不专业的律师,谁会聘请呢?

这个问题让律师左右为难,好比那个女人给男人出的千古难题一样:我和你妈同时落水,你先救谁?

后来在这个问题上,我逐渐有了自己的答案"实话实说,绝不虚夸"。虽然往往会丢失很多客户,但是我依然用自己的方式回答,而最后留下来的也都是最信任我的人。

律师表现得忙碌好,还是悠闲好啊?

我喜欢发朋友圈,可能是为了刷存在感吧。律师嘛,就要时刻活跃在人们心中,如果被人遗忘不是一件好事,发朋友圈就是要告诉人家:我是律师,你有一个律师朋友,遇到法律问题,别忘了找我。当然也不全是这样,更多的是为了分享,分享美景,分享美食,分享美感,想带给大家一种美好而已。

因为我的业务领域是建设工程法律服务,所以案件多在外地,出差是经常性发生的。祖国的大好河山,处处是美景,所以我就忍不住发朋友圈,晒一下当地的风土人情,与你分享,你就省却了长途跋涉的劳累之苦。

直到有一次,我发现这种做法存在一定的风险。那天我出差回来,见到一个客户,他半开玩笑地说:"张律师,最近看你经常出差啊,要多找点时间关心一下我们的案子!"

这时我突然感觉到事情的严重性。如何解决物极必反的规律?

如果客户发现一个律师很清闲,经常坐在单位无事可干,他会聘请这个律师吗?他可能会认为,你没有案子,就是业务做得不够好,没人找你,他

 平凡之路

也不敢轻易一试。如同我们到一个陌生的城市吃饭，必然会去门口停车多，室内客人多的饭店，谁会去冷冷清清的地方呢？

但是，如果一个律师整天忙得不可开交，会不会好呢？别人可能会认为你没有时间耐心研究案子，哪个客户会放心把自己的命运交给一个无暇顾及案件的律师呢？

这个问题让很多律师左右为难，但我逐渐也有了自己的答案，现在出差我依然发朋友圈，依然来找我的客户都是那些真正理解律师工作的人。

律师周末到底关不关机，看不看微信？

律师经常自我解嘲说，律师从不加班，因为从不下班。真实的情况并不都是那种一直坐在单位不下班，更多的是这种：我正常下班，也正常过周末和节假日，但是从不关机，而且时刻准备接打电话，关注微信消息。

为什么不关机？有时客户随时来电话咨询，担心关机可能会错过一个潜在客户。假设一个建设公司的老板慕名给我打电话，发现我关机打不通，他很可能会说："算了，找其他律师吧"，我不就等于失去一个重大商机吗？虽然接通的电话大都是骚扰电话，比如售楼广告和律师推广，以及诉讼保全，其次就是微信群友的法律咨询。鸡毛蒜皮的法律咨询特别多，不是熟人，就是朋友，不是亲戚，就是老乡，唯恐得罪哪个，让人家说不是。

有一次，不知哪个群的群友加我，问我："在吗？"

我赶紧回答："在。"

"我有个法律问题需要咨询，方便吗？"

我说："可以。"

我等了半天，那边也没有发来法律问题，于是忙了别的。

后来，问题来了："我邻居装修，很吵，我去找了他们，让他们小点声，

他们不听，我就骂了他们，他们也骂我。后来邻居说，老人因为被骂，生气住院了，要我承担医疗费700元，我不同意，他们报警，警察来了，因处理不了又走了，我的心脏病也犯了，花了300多元检查费。"他问我：1. 他们老人的住院费我要承担吗？ 2. 我的检查费可不可以让他们承担？ 3. 我的精神损失能赔偿多少？ 4. 我这个案子能打赢吗？

　　我没有来得及回答，一个电话来了就忙了起来，忘了这事。到了晚上跑步，正跑着，一下子想起来这个事情，就停在路边，打开手机微信，看到那人给我写了好几个留言：在吗？忙吗？咨询要收费吗？律师都这样吗？

　　我赶紧编辑了一大段的文字，先是表示抱歉，解释延迟回复的原因，然后是逐一回答他的问题，点击发送，结果没发过去，原来我被他拉黑了！我站在马路边上怔了半天，一动不动，行人都回头看我，投来同情的目光。

　　律师的存在意义就是这样的：时刻准备着为客户提供法律服务。

 平凡之路

律师难道是多重人格患者？

美国作家丹尼尔·凯斯写了一本书叫《24个比利》，主人公比利是一位多重人格的患者，他的性格可以分裂为24个之多，他经常自己扮演不同的角色，甚至自己和自己争吵打架，常常陷入痛苦之中。

看看我们周围的人，虽然没有谁有如此夸张的人格分裂症。但谁不是为了生活，被迫伪装，暂时把自己迷失在人潮人海中，同时扮演着多个角色？

经常出入于社会矛盾最尖锐环境中的律师何尝不是这样？

我们经常为了维护客户的合法权益，面对对手，不得不暂时封存善良的内心，把自己伪装成斗士。在法庭上寸草必争，寸土不让，针锋相对，横眉冷对。

我们经常西装革履装作风度翩翩的样子，带着坚强的意志出现在铁窗外面，端坐在法庭的辩护席上，面对真诚悔改痛哭流涕的被告时，总也忍不住流下动情的泪水。

我们有时在出差的路上接到亲人病危甚至离去的消息，却不能立刻飞到他们身边，不能陪在床前，以致忠孝不能两全，只能是自己忍受巨大的痛苦煎熬。

我们有时必须参加喧哗的热闹场面，逼着自己去讲课，去演说，去把控局势，装作叱咤风云的样子。但最后还是喜欢黯然离去，把自己沉浸在无人的角落，享受孤独。

人到中年，你需要做一个孝敬父母的好儿子，做一个形象高大的父亲，做一个有担当的丈夫，做一个领导喜欢的员工，做一个员工爱戴的老板，做一个业务精湛、经验丰富、坚强有力、沟通顺畅、和蔼可亲、收费合理的律师。

律师如何从人格分裂中解脱出来？

我经常纠结的一个问题是：要做一个真正的律师，还是要做一个真实的自己？我们无法做到十全十美，无法在工作和生活中游刃有余，无法在自我和职业中做到完美结合，但是起码我们应该把握几个原则。

一、客户至上。

在工作中，站在客户的利益角度考虑问题，与客户同呼吸共命运，这是起码的职业道德要求。客户满意，是判断工作好坏的重要尺度，而不是绝对的公平正义。

有一次，甲乙双方发生纠纷，我们代理甲方约乙方来谈判。在我们的努力下，双方终于同意和解，当然有人作出了让步，然而对方律师却不依不饶，大放厥词，越俎代庖，提出苛刻的条件，甚至不同意和解，最后谈判陷入僵局。那个律师的表演非常拙劣，自说自话，根本不听别人的意见，任凭嘴角流出长长的白沫也不顾。

散场后，我的客户说："那个律师的形象，让我想起《指环王》里的那个小角色咕噜姆，太恶心了！"

我面有愧色地说，这毕竟是少数人，不代表整个律师群体。

我转身问助理："他是律师吗？忘了看他的律师证啊。"

这样的律师只顾在客户面前表现自己，并非真正为客户利益着想，只会把事情搞得更糟。这种角色表演没有任何必要。

二、守住底线。

不要为了拿到案子，就不择手段，搞不正当竞争。不要借助敏感性案件

蹭热点，沽名钓誉，追名逐利，败坏律师行业形象。不要急于求成，急功近利。律师需要沉淀，积累经验，积累客户和人脉。律师就像医生，条件成熟，方才水到渠成。"夫唯不争，故天下莫能与之争。"视法律如信仰，正确实施法律，维护社会公平正义。

三、无愧良心。

在你的能力范围内，只要你真正努力了，做到尽职尽责，对你来说，结果并不重要，虽然客户认为与他理想中的结果有差距，他也会为你点赞，起码你会心安，因为你已经充分展现了自己的个性。

透支自己的能力和健康，都是愚蠢的自杀式行为。叔本华说："任何事都不值得你牺牲健康去追求。"健康和安全是律师持续奋斗的保障，一定要切记。"不要人夸颜色好，只留清气满乾坤。"

《百年孤独》里有一句话，我认为是律师职业的写照："我们趋行在人生这个亘古的旅途，在坎坷中奔跑，在挫折里涅槃，忧愁缠满全身，痛苦飘洒一地。我们累，却无从止歇；我们苦，却无法回避。"

既然选择了这份职业，就要担当起这份责任，加强自身道德素质修养，提高专业服务能力，先做一个真实的自己，然后做一个真正的律师。

第三部分　律途心语：律师的专业与职业

作为律师，我相信因果报应

> 在这个世上，善良应该是人最好的品质，千万不要丢掉。
>
> ——题记

我在作品里讲过很多次打架的故事。从小到大，难免磕磕碰碰，每次冲突表面上看我是占了上风，最后结果都很窝囊。一次我在寺庙里遇到一个主持，请教了一个问题：为什么受伤的总是我？他上下打量了我一番，说："施主面慈心软，虽高大健壮，但毫无杀伤之力。"

我是唯物主义者，我不信教，但遇寺拜佛，遇观问道，我相信因果报应。我理解的因果报应，其实就是种瓜得瓜，种豆得豆，你付出多大的努力，就会有多大的收获。

或许这种本能，就叫初心

我在微博里看过一个视频，一个不到一岁的婴儿，被扔到一个偌大的泳池，就像鱼儿回到水里，欢快地游泳，熟练地做着各种动作。这其实是一种本能，以至于有人认为人类的祖先来自海洋。可是随着年龄的增长，人的本能却在退化，长大了竟然怕水，需要学习才会游泳。

我小时候也是呛了很多次水后才学会了游泳，夏天放学后经常和小伙伴

平凡之路

把书包往沙丘上一扔,裤子一脱,一猛子扎进水里,露出头来,脸上挂着黑泥,谁也认不出谁是谁来。有一次,一个不会游泳的低年级小伙伴本来在浅水处戏耍,我好几次招呼他靠边点,一转身他就不见了。坏了!去哪里了?我看到一米开外的水面上冒着水泡,一个黑色的东西漂浮着,我急上前一把抓住,原来是他的头,我连忙拎出来。他的脸憋得通红,光着屁股急急爬上岸,坐在那里哭起来,我们几个小伙伴笑了。

见义勇为?没有的事,那个淳朴的年代,那个青葱的岁月,谁也没有多想,举手之劳而已。我们谁也没有当回事,好像没有发生似的,没有告诉大人,甚至还要刻意隐瞒,因为担心被家长揍了,再也不能去那个夏日的水上乐园。

那时候,助人为乐,不求回报。自己受点委屈不算什么,是经常的事,仿佛是我们儿时养成的潜意识。我刚刚学会骑自行车那会儿,偷偷地骑着车子溜出村子,在路上遇到一个小朋友独自走路回家,我说,上车我驮着你,他开始还犹豫,可能是怀疑我的车技。但当他看到我自信的目光,还有遥远的村庄时,便从后面蹦上了我晃悠悠的车子后座。为了让他相信我是一个成熟的老司机,我骑得很稳,慢悠悠的,可是遇到一个坑坑洼洼的大坡时就吃力了,不好意思让他下来,就坚持着,但是终究没有蹬上去,结果车链子断了。为了防止人仰马翻,防止摔了小朋友,我单膝跪地,慢慢地让车子倒下,让他安全着陆。可是我遭殃了:我嫩嫩的脆弱的膝盖正好跪在一个尖尖的石头上,那石头像一把刀子一样挖去我一块肉,鲜血汩汩往外流。我咬着牙,停住车子,抓了一把土就塞住了伤口。

如今三十多年过去了,我的膝盖还留着那个伤疤,但我从未向别人提起过这段英勇的悲壮的历史。但是,我的童年没有因为我经常不经意的"见义勇为"而有所改变,依然是那么清贫和艰苦,依然是那么无忧和快乐。

我们管这个叫作初心也好,叫本能也好,它们一直伴随着我后来的成长和发展，尤其是在我的"律途"中，它们不断给我带来好运。

别人的故事，是我的榜样

我还要讲一个我小时候的故事，不过主人公不是我，我是旁观者。

我上小学时，周末姥姥经常带我去村外树林深处的一个简易的石头房子里，姥爷住在那里，用文艺的话说，他是树林的守护者。有一天，来了一个"坏人"，把我吓坏了，躲到石头屋子后面。那个"坏人"叫马黄，是一个光棍，家里很穷，整天不务正业，经常干些偷鸡摸狗的事情，晚上没事就骂街。村里人都躲着他，小孩不听话，大人就用"马黄来了"来吓唬，小孩立马听话。

我在后面听姥姥和马黄说话。"好好做人，别干那些丢人的事，让人一辈子瞧不起，自己又不是没有力气，勤快点，饿不死，以后找个媳妇，好好过日子。"姥姥语重心长地劝导，循循善诱地说教，只把马黄说得一把鼻子一把泪地擦。我起初为姥姥捏一把汗，担心马黄翻脸，晚上把姥爷喂的羊偷走呢！后来，我也感动了，从后面冒出来，不再觉得他可怕，只是不明白：坏人怎么会哭呢？

结果是我姥爷家的羊没有丢，别人的鸡也没有丢，后来马黄经常来姥姥家坐坐，我越来越看着他不像坏人，再后来听说他也娶了媳妇。我从中悟出一个道理：坏人不是永远都是坏人，坏人可以变好，但是很多时候需要别人扶一把才行。

母亲也经常行善，她在小县城卖菜的时候，每天收摊回家路过一个桥头，总会停下小推车，给常年在那里乞讨的老妇人的碗里放一些硬币，或者留下一些卖不掉的青菜。时间久了，自然而然成了一种习惯，没有觉得这是什么大的善举，反正都是穷人。

很久以前我看到过一个故事：沙漠里，一个行人看见一条蛇正悄悄逼近一

 平凡之路

个熟睡的人，他及时上前把蛇抓走，而没有惊动那个熟睡的人，然后又悄悄离开。这个故事长久地深深地印在我的记忆里，是基于那个行人的潇洒和大度。

救人一命，胜造七级浮屠，若是关键时候帮人一把，指引迷途的人返回正道，给弱势的群体一个指点，帮冤屈的人洗清罪名，代受伤的人讨回公道，为守约的人主持正义，应该也是大功一件。

好人会有好报吗？

常听人说，好人不一定有好报。那年我在清华大学参加复试，面试的前一天晚上，我在清华校园里逛游时，突然见到两个黑影在树丛里扭打，走近看时，一个学生模样的人喊我帮他抓小偷。有小偷！我本能的反应就是毫不犹豫地扑上去，按住了那个挣扎的人，直到学生会的人到来，我才松手。一群学生扭送着小偷走了，我若无其事地回到宾馆。第二天，复试的第一关是测试英语口语，我操着标准的山东口音，讲着毕业后八年没有说过的英语，把自己憋得满脸通红。满头大汗地走出考场后，看到门口一排叽叽喳喳比我小七八岁的朝气蓬勃自信满满的应届毕业生时，我就认定自己是来清华大学打酱油的。

有读者在《平凡之路》看了这段故事之后，哪壶不开提哪壶地问："张律师，若是当年你见义勇为的事迹报出来，说不定清华大学会破格录取你。如果你是清华大学毕业的研究生，结果会是怎么样？"我没有回答这个问题，因为确实不好回答。

我曾经不无遗憾地幻想过：如果当年我有幸考上了清华大学，或者因为"见义勇为"被清华大学破格录取，我的人生会是什么样子的？假设我是清华大学毕业生，我的光环就更加亮丽，起码我找工作的时候，就不会这么困难，就不会处处碰壁，我的简历会被放在优先考虑的范围内，我可以选择的就业机会就更多。

但是现在看来,我并没有因为与名校失之交臂而一蹶不振,相反,我更加努力,因为我身上没有光环,没有资源,没有捷径,只有靠自己。虽然我的道路充满曲折和坎坷,虽然我的努力比别人多出百倍,但是仍然让我完成了自我超越。好比登山,你走了弯路,最终却登上了山巅,别人走的是捷径,却在半路打了退堂鼓。

我认为,好人还是会有好报的。或许这件事情上你吃了亏,肯定会在别的事情上得到弥补,或许短时间内总是倒霉,长期来看肯定幸运更多,或许部分人误解了你,更多的人还是相信你。前提是,你是一个好人,好人的评判标准,我认为善良应该排在第一位。

任你虐我千百遍,我仍待你如初恋

我的客户收到贵州那个案子的传票,我们已经是第三次当被告了,公司领导气急败坏地问我:"他们有什么权利三番五次地告我们啊?"

案件的原告是一个材料供应商,他第一次起诉时,将分包和我们总包列为被告,因为主体不适格被法院驳回后,他又换了主体进行第二次起诉,开过庭后还没判决又突然撤诉,不久又换了原告重新起诉,我们只好三番五次地去应诉。

案件标的额不高,律师费也不高,但是我必须认真对待。我第一次去开庭时,出租车转了好几个弯,中途上了好几个人,半道又放下好几个人,最后才把我卸下。我下了出租车抬头看到有个牌子:夜郎西民族乐园,我立马想到一句诗:"我寄愁心与明月,随君直到夜郎西。"我羡慕王昌龄,有李白这样的好友用心陪着他,可是没有人陪我,也没有人知道我是怎样在这个偏僻的山区找到法庭的。我在问了五个当地人后才在一个居民小区的底楼发现一个被风雨侵蚀剥落得难以识别的门牌:审判庭。周折的路途,长久的等待,让开

平凡之路

庭前解决内急成了当务之急，问了院子里的保洁阿姨，却说不知道厕所在哪里，众里寻她千百度，蓦然回首，竟然就在咫尺间。

我开完庭急着去赶火车，用了打车软件半个小时没有人接单，恨不得找辆自行车骑回去，可是山里没有共享单车，走着吧，大热天的，估计会迷路。终于搭了一辆顺风车，急急进入高铁站。我准备乘坐自动扶梯上二楼，入口处一个小男孩挡在我面前。他四五岁的样子，被姐姐远远地落在后面，他几次试探着踏上扶梯，不料刚好踩到电梯台阶空处，人一上去，身子就歪下来了，我眼疾手快，一把抓住了他的肩膀，把他提起来放到电梯上扶正，完成这一"见义勇为"的壮举用时只有两秒钟，上到二楼时我又扶他一把离开电梯。他急急地赶上姐姐，若无其事地牵住姐姐的手，回头看了我一眼，就消失在人群中。

回到上海，我洋洋洒洒写了几千字的代理词，发给客户先看看，礼貌性地征求一下意见，然后再寄给法官，其实是想自信满满地显摆一下我的专业水平，事后听说公司的一个领导看了后的评语是：软弱无力，毫无逻辑。痛定思痛后，我发誓今后还是丝毫不能动摇始终一贯地保持低调再低调的优良传统。

法庭的条件尽管艰苦，但是法律的精神依然高贵，最终法官完全采纳了我的观点，驳回了对方的无理诉求，这结果也让我在内心终于与自己达成了和解：几次三番的起诉，是人家的合法诉权；出租车司机的做法是为了多赚点钱养家糊口，或许家里有八十多岁的老母；法庭门口的保洁阿姨那天可能心情不好，谁也不想理会，她根本就不知道我是千里迢迢来自上海，憋了一路。

尤其难忘的是，被我扶了一把的小男孩给我的那个纯洁的无邪的感激的眼神，让我内心充满了力量，使我的旅途不再孤单，不再劳累，不再无助。

《道德经》中有一句话："天道无常，常与善人。"你对别人好，别人就会对你好，你爱这个世界，世界也不会辜负你。

写作爱好与法律业务相得益彰

> 为了提高个人修养和品位,读书和写作,应该是最好的业余爱好。
>
> ——题记

写作让我收获很多

因为爱好写作,我经常把律师故事,还有办案心得,经验教训写成文章,努力将紧张辛苦的律师职业写得有声有色有滋有味,传播一种积极向上的正能量。办理建设工程法律业务的艰辛旅程,给我的写作提供素材,使得我的文章不是无病呻吟,从而引起诸多媒体的关注。比如智合、律新社等法律新媒体,最高人民检察院主管的《方圆律政》杂志,上海《律师》杂志,《上海法治报》等纸质媒体经常和我约稿,我成了法律媒体的常客,因此获得了大量读者和粉丝。

我能够加入上海律协宣传委员会是通过非正常的渠道。那天上海律协一个小姑娘给我打电话说:"是张律师吗?我们领导让我问您有没有意愿加入我们宣传委?"我说:"可以啊!"她说:"太好了!"我从电话那边惊喜的声音判断她仿佛完成了一件艰巨的任务,没想到如此轻而易举。我也听到智合的编辑和我谈起,说律协的领导多次在大会上谈到我的文章,说这个律师的文

 平凡之路

章充满了正能量,正是我们需要的。后来我加入宣传委后,在参加的第一次会议上领导特意对我说:"张律师可要多给我们写文章,我们可是从网上把你捞出来的。"为报知遇之恩,我经常给上海律协的公众号审稿、组稿和写稿,成了常规的兼职工作。

有一次智合发了我一篇文章后,有朋友发给我一个截图,上面是一个律师转发我的文章时,他朋友圈的一条留言:"我发现这个张律师好像经常不务正业啊?"

我知道这是玩笑,很多人也开玩笑说,我是被律师耽误的作家。其实,写作只是我的业余爱好,是律师业务的副产品。鲁迅先生说自己"只是把别人喝咖啡的时间都用在了工作上",我只是把工作的缝隙用在了写作上,把寂寞的旅途用在了读书上。

如果一个人只是一个工作狂,而没有任何的业余爱好,是不是他活得很无趣啊?当他把业余爱好与工作结合起来,是不是就显得更有意义呢?

我曾经是狂热的"文学青年"

我记得第一次参加征文比赛是在初中三年级的时候,语文老师给我们一个题目叫《奋飞之鹰》,他给我们动员了一番后,我们兴趣盎然,开始"创作"起来。同学们几乎都是把笔墨放在描写奋力地飞翔在天空中的雄鹰上,反复修改润色,直至词穷,俨然是在创作高尔基《海燕》的姊妹篇。

结果公布了,我们写的"海燕"一个也没有获奖。我看到一篇获奖征文写了这样一个故事:一个贫困山区家庭的孩子,经过艰苦奋斗,考上了大学,走出大山!这让我思考了很久。

长大一点,我看过一幅名画,是齐白石的大作,题目叫《蛙声十里出山泉》,画中有两壁山岩,中间是湍急的水流,远方用石青画了几个山头,水中

画了六只顺流而下的蝌蚪。我找遍了整幅画也没有看见一只青蛙，但是仿佛感觉蛙声已经跃然纸上。我思考了很久。

大学毕业后，我被分配到一所学校，最初没有教书，而是负责校刊编辑工作。为了学习写作，我经常到地摊的报刊堆里看书，买杂志。那时学校宿舍经常停电，有时候正爬着"方格子"，忽然停电了，冬天我就钻进被窝，打着手电筒继续写。绝大多数稿子石沉大海，但我没有放弃，屡败屡战，后来终于有几篇文章印成了铅字。有一次，我在地摊上拿起《短篇小说》杂志指着里面的一篇文章，对那个摆地摊的漂亮姑娘说："这是我写的。"看着她将信将疑的样子，我兴奋了很久。

后来，老师做不成了，作家也做不成了，于是改学法律，改行做律师。

痛苦地挣扎在文学与法学之间的"量子纠缠"中

现在做律师了，业余体验"作家"。律师和作家其实是两个跨度非常大的职业，这是由文学和法学的思维方式的巨大差异决定的。

文学，需要丰富的想象力，虚构是常用的手法。但法律是严谨的，任何事实都需要证据，不能有任何的虚假。

文学，可以天马行空，行云流水，甚至肆无忌惮，不受任何规则的限制。法学，有严格的思维方式，事实是什么？有没有证据支持？法律是怎么规定的？这个行为是否符合法律的规定？还需要正义的程序来保障法律的实施，一点都不能马虎。

文学，可以自由设计故事情节，自由决定故事的结局以及人物的命运。法学只能有唯一的事实和唯一的结论。

文学作品没有一个好坏的判断标准，读者喜欢就是好作品，一百个读者就有一百个哈姆雷特；而法律有标准，一个案件，当且只有一个结果，不以当

 平凡之路

事人和大众的意愿为转移，公平公正是其最核心的标准。

有人就纳闷：既然文学和法学的思维方式差距如此之大，甚至很多地方是背道而驰的，为什么我作为一个律师还能够进行文学创作，而乐此不疲呢？

这是一个好问题，问得我泪流满面。

因为我经常徘徊在文学和法学之间，经常进行法律人与写作者之间的角色转换，经常行走在痛苦和纠结的边缘。

故事必须是真实的，但还要是大家感兴趣的，且系和法律相关的。我就从历史中找故事，从小时候的经历中找故事，从身边找故事，甚至把民间传说与现实结合。但不是所有的故事都可以写，必须能够挖掘出新意，有启发，有启示，含正能量，催人奋进，给人希望。

题材的有限性让我在夹缝中苟延残喘，苦苦思索，一旦找到一点灵感，顿时神清气爽，豁然开悟，如释重负。

我在写作上另辟蹊径

有人问我，多久写出一篇文章？我说："一般是两个小时就能写成。""啊？这么容易啊！"他说。但是，他不知道我为了写一篇文章，思考了一个多月。

我西装革履地进入法庭，以高度的紧张和严谨的思维在应对法庭的变化，走出法院，解下束缚的领带，脱下湿透的衬衣，换上便装，坐在飞驰的列车上，对着车窗陷入沉思：出差是常态，律师如何自得其乐？

开车在拥堵的大都市，一切急躁都是浪费感情，慢慢地踩着刹车，慢慢地踩着油门，思绪慢慢地展开：中年律师的崩溃都是悄无声息的。

和当事人的沟通出现了问题，当事人对律师产生了深深的误解，甚至常常让律师背锅，我也不想去辩解。郁郁寡欢时，就想：宽容是一种美德，如何寻找优质客户？

于是，我试着把上面的思考写成文章，渐渐地得到了越来越多读者的关注。

2019年10月份我在智合发表了一篇文章《这年头做律师，没点"武功"还真不行》。我让读者评论一下，结果铺天盖地的是"张律师多厉害，平凡之路多好"等留言，没有人去评价文章的表现手法、构思、取材以及主题等，让我非常尴尬和苦恼。这也说明人们越来越静不下心来认真读一篇文章了，没有人去思考：为什么小主人公在人面前时不能掉下眼泪，树林里没人的时候却可以尽情哭泣？他在外受了伤，为什么不敢回家？为什么他小时候被同学欺负，埋藏的深深的仇恨，长大后顷刻能够化解，而对于真正的恶人却迎面而上，挺身而出？做律师有一个好的身体重要，还是有一个正义的心灵重要？终于有一个读者私信问我一个问题：你那三毛钱到底还上了吗？这让我感动不已，起码她认真看了。

看来我还须努力，要努力去学会如何将律师工作与文学艺术结合，如何挖掘律师故事中的正能量，如何从艰难困苦的探索中找到出路，如何给那些在残酷的就业环境中迷茫的年轻人更多的希望，如何给正在痛苦抉择的迷途中彷徨的转型者指点一二。

于是，我酝酿写成《律师之道》，一本反映律师工作和生活的散文集，涵盖了律师关于业务、生活、情感、养生等方面的思考。这是我从如何走向律师职业的平凡之路，到做律师到一定阶段后的心灵感悟，是从外部到内部，从物质到精神的一次升华。

写作的乐趣在哪里？

有编辑问过我一个问题：你写这种风格的文章的动力是什么？

挣钱？从经济学的角度，其实是赔钱的。你看，辛苦写出文章来，花了不少时间和精力，稿费很少，只能算是一种精神鼓励；辛苦写出书稿来，还要

平凡之路

自己掏钱资助出版,书印出来了,还要自己掏钱买书送人;还要抽空苦练签名,搜肠刮肚写赠言;还要自己花邮费给人家邮寄过去。

那你为什么还写得带劲啊?不赚钱谁写啊?有人这样质疑过我。仔细想想,写作也有很多好处和理由,有的不可言传。

读者的激励是我写作的动力之一。有一个读者不远千里从外地来看我,她说了一句话,我当场记下来:"人如其文,人和人之间的相互欣赏都来源于人格的吸引。"有一次去成都出差,从法院走出来,走到附近的文殊院,发了一个朋友圈,立即收到来自成都十几个读者的邀约留言。其中还有一个外地来成都出差的律师读者,说他刚刚来过文殊院,还在成都,想见一面聊聊,当面取经。我因为急着赶飞机,这些人一个没见,但是心中感动不已。那年参加智合论坛,一个从遵义来的律师在千人会场中与我邂逅时,一下子喊出我的名字,说是我的读者,我们聊了很久。

读书和写作能使我心情平静,完全放松,是一种很好的休闲方式。下班回到家里,坐在沙发上,沏上一壶茶,拿起身边的书,一天的疲劳立刻烟消云散。坐在高速的列车上,从周围旅客播放的吵闹的抖音中,进入书的世界里,谁也别想打扰我。机场的大厅里,思绪进入了构思文章的情节中,忘记了烦恼,享受着快乐。

写作也在培养我观察人和认识世界的能力。为了写作,我必须去思考,必须对周围的人和事具有高度的敏感性,从表面现象寻找事物的本质,从小故事中挖掘大道理。在观察中,我看到了生活中的真善美;在回忆中,我看到了自己的进步,忆苦思甜,知足常乐;在寻觅中,我发现自己的缺点,总结经验,吸取教训,取长补短,不断成长。

柴静说:"写,其实也是发现自己的一个过程。你不写,你永远都不知道自己身上发生了什么。"

律师工作和生活是我写作的素材，是我文学创作的源泉，反过来，写作可以促使我反思律师工作，反思生活，反思自己，使自己的思路更加开阔，思维更加缜密。

"粗缯大布裹生涯，腹有诗书气自华。"对于来自底层的老百姓来说，比如我，就需要不断地读书，写作，以提高自己的修养，弥补自己的不足，使自己变得更加有修养，让生活变得更加有品位。

于我而言，写作是一种良性的健康的生活状态。

为了写作，就要看书，博览群书。我最近开始看《红楼梦》，越看越有滋味，越想越有道理，给人无限启发，身心愉悦。读书，是一种很好的提升自我修养的方式，也是一种很好的减压渠道，你可以暂时离开这个世界，进入一种元宇宙，一个全新的世界，暂时忘却烦恼。在这个世界里，你可以唱主角，也可以当导演，你有极大的话语权和极强的存在感。

为了写作，我需要寻找灵感。莫言曾说，他为了寻找灵感，一个人深夜走路，走很远的路，天亮才回到家。我也走路，绕着家门口的湖边走，有时候去古猗园，很多文章都是这样构思出来的，很多答辩意见也是这时候灵感突发想出来的。

为了写作，我努力做个"好人"。人们常说"文如其人"。不是好人，写不出好的作品。案子再小，路途再远，我都要亲自出差，其中的艰辛只有自己知道，不能对人讲，只能是默默承受。我发出来的朋友圈都是美景美食，带给大家的都是诗情画意。你的标书再好，方案再完美，实力再雄厚，人家就是不让你中标。下次再邀请，依然认真准备，依然保持期待，依然屡败屡战。面对当事人的误解或某些人的排挤甚至打压，只能忍气吞声，故作优雅大度大方大气，作君子状，没事人一样。看到过一篇文章写苦瓜，说它很苦，但是和别的食材一起炒，却会给整道菜增色，于是想：做个苦瓜也很好。

第四部分

职业人生：一路风雨一路歌

 平凡之路

律师这么拼命,究竟是为什么?

> 选择了一种工作,就是选择了一种生活,你要为它负责。
>
> ——题记

律师英年早逝的消息,经常给我们敲起警钟,我们在痛定思痛后提醒自己不要这么拼命,节奏要慢下来,但是转身就忘掉,依然投入到紧张激烈的工作中。为什么这样啊?

我不能拒绝那绺子韭菜

五一节回老家,车子还没停好,已经有个女人在大门口候着我,似曾相识,又记不起来。

"我是你六婶子啊,不认识了吗?真是贵人多忘事啊!"这个自称我六婶子的人,滔滔不绝地回忆起来,从四十年前我光着屁股跟着生产队干活说起,谈到我考上大学,考上研究生。说得我不好意思起来,没等我打岔,她的法律问题就来了。

送走了六婶子,三哥来了,送走了三哥,二表叔来了,二表叔还没走,又来了邻村的。他们都是带着问题来的,有的问题是法律问题,有的不是法律问题,有的人找到了解决办法,满心欢喜而去,有的人的问题不好解决,

愁眉苦脸地走了。

老乡们登门拜访，我不能拒绝；他们拿的几根葱，一棵白菜，一把面条或者一绺子韭菜，我也不能拒绝；他们不停地唠唠叨叨，我洗耳恭听。即便在上海的清晨或者深夜，我也经常被老家的电话吵醒，熟悉的乡音喋喋不休地诉说着苦恼。有时候我边洗刷，边接听电话，边开车，边回复问题。

谁让你是律师呢？人家看得起你，乡里乡亲慕名而来咨询点法律问题，有什么大不了的？绝对不能拿架子，也不能慢待。不过，本想回老家休闲却遇到应接不暇的接待工作，常常冷落了满桌的家乡美食，打破了亲人的团聚，辜负了村外绿色的麦浪，还有挂在枝头的红彤彤的樱桃。

我在法院门口蹲候四个半小时

凌晨五点我开车赶往浦东机场，起飞前我发了一个朋友圈："早起赶路，原来晨曦如此美丽。"有个南宁的读者第一个点赞，我一惊：这么巧吗？

我来到南宁，来到法院门口时是上午的十点半，案子是在下午三点开庭，也就是说，我要在马路上蹲候四个半小时。南宁的温度是36度，满街盛开的鲜花陪伴着我，我依然汗流浃背，狼狈不堪。

开庭前，法官进来问书记员："有没有追加第三人？""没有吧。"书记员回答。

"今天就不能开庭了。"法官轻描淡写地说。法官准备离开时，其他律师没有反应，我急了："我提前一周递交了申请，又通过电话反复提醒，为什么没有追加呢？"

"你们公司的名称与另一个案子的当事人相似，我搞混了，"法官答道，"只能延期开庭了，回去等通知吧。不好意思，最近太忙了！"

我还能说什么呢？

平凡之路

离航班起飞还早着,这下可以约一下那个点赞的读者。以前我们在线上聊过很多,他表示我去南宁时一定要告诉他,见见面。晚上他请我吃饭,我们聊起这个案子,他惊讶地问:"这么小的案子,为什么您亲自来开庭呢?不是有助理吗?"

我给他解释:就算你是大律师,也不可能只挑选大案子做,小案子不做。如果客户说,案子虽小,但是结果对他们很重要,还是希望你亲自代理,虽然律师费不高,但你必须来。我又给他讲,很多情况都是如此,标的额不高的案子,律师费也收不上去。比如一个外地的案子,开一次庭,能挣一点,开两次庭,不赔不挣,持平,开三次庭,就赔钱,结果案子开了八次庭,你说挣钱吗?

回去的飞机延误,落地浦东机场时已是凌晨三点,第二天还要开庭,当时我非常纠结:是回家呢,还是直接去法院开庭呢?

律师这么拼命都是为了钱吗?

司马迁在《史记》中说:"天下熙熙,皆为利来;天下攘攘,皆为利往",我认为是有时代局限性的。那个时候物质财富相当贫乏,人们都为了温饱而奔命,当今这个时代,人们已经不能仅仅停留在挣钱的层面上,还要追求点什么。律师也是,绝对不是仅仅为了律师费而搏命。应该还有别的原因,那是什么呢?

很多时候,明明知道不挣钱,你还要认真地去做,甚至不惜一切代价去努力争取,绝不偷工减料,为什么?因为心中时刻放不下责任感,责任感让你在吃饭的时候突发奇想,赶紧打开电脑补充一句代理词;责任感让你在半夜睡觉的时候突然惊醒,坐起身来试图从梦境中寻找问题的答案。

我在学历史和读书的过程中,发现很多名人都是英年早逝,比如霍去病、周瑜、莫扎特、凡·高、李小龙、乔布斯等,英年早逝的名人数不胜数,让人非常惋惜,从而得出一个结论:越是优秀的人,承担的责任越大,压力越大,越是容易不长寿。

为什么会这样?从理论上讲,优秀的人是因为工作能力和社会影响力较大,社会对他的期望值较高,所以他肩负的责任就大,压力就大。人的精力和能量是有限度的,长此以往,就会身心透支,积劳成疾。

这个道理同样适用于我们身边的人。2021年五六月份律师界痛失几位优秀的律师同仁,其中北京盈科的胡忠义律师,也是我的好哥们,他的生命就定格在55岁。前一天还发着朋友圈,第二天就走了。作为一位优秀的资深律师,他生前担任律所的很多重要职务,也是很多高校的兼职教授,看他的朋友圈,不是在开庭和讲课,就是在开庭和讲课的路上,可见他是一个非常努力的人。还有无讼创始人、天同律所主任蒋勇突然离世的消息登上热搜,是律师界的罕事。早在高考前他就查出心脏有问题,但他并没有放弃拼搏,而是开创了一片天空,搏得了一片喝彩,生命虽短暂,但如流星般留下闪耀的一刻。

可能有人会说,律师这么拼命为了什么?少挣点钱不行吗?很多时候,其实和钱没有关系,你既然选择了律师职业,想成为一名优秀的律师,就必须风雨兼程。

很多时候你是身不由己的

首先,你很难控制自己的身体。有个英国人写的文章叫《你只是0.25%个人》,读后让人忧虑。他说,人体内一半的细胞都不是你自己的,而是外来的,研究表明足有一万种外来微生物侵占你的身体,依附在你的皮肤上、耳朵里、鼻腔里、肠道里等各种器官里,与你长期共存。也就是说,在你免疫

平凡之路

系统正常监控下，这些外来微生物可以与人体相安无事，一旦你的身体出现问题，它们随时就会造反。

其次，你很难充当自己命运的导演，只能是演员。写一篇文章，演一部电影，从事一种职业，活这一生，每个人都想做到最好，发挥自己最大的潜能，实现最大的价值。我们是社会中的人，不是单纯为自己活着，因为热爱，你全身投入事业中，没有几个人能够知道自己究竟何时能够全身而退，适可而止。如同航天卫星，一旦进入轨道，只能向既定的方向前进，直到油尽灯枯。

有时候我们连续地发朋友圈悼念英年早逝的律师同仁时，有外界的朋友在表示惋惜的同时，会说每个行业都这样。事实上，律师这个行业具有特殊性，英年早逝的现象更加突出，为什么？我就谈两点：一是律师是在刀尖上行走的职业。当事人只有自己反复解决不了的问题才来找律师，说明律师代理的案件都是疑难复杂的事情。可以说，法院是社会矛盾最集中、最尖锐的地方，没有宁静的法院，只有理性的律师，因为律师承担起了最大的压力，而内心还要克制，外表还要表现得冷静。委托人把所有希望寄托在律师身上，律师就像盾牌，挡在了不共戴天的当事人之间。所以，"战战兢兢，如临深渊，如履薄冰"，是很多律师都有的感触。二是律师的工作包括脑力劳动和体力劳动，往往遭受身心的双重压力。对于日出而作日落而息的农民来说，大多数疾病是生活习惯带来的，而律师的疾病更多是工作习惯带来的，是职业病，这是无法解决的矛盾。既然你选择了这份职业，就要适应这种生活，承受这种命运。

你若安好，便是晴天

我试着逆向思考一下，是不是可以推出另一个结论：当你感觉责任重大、压力山大的时候，说明你离优秀就不远了，只要你能够撑住。我就是经常这样自勉的，有很长一段时间，案件压力导致我耳鸣严重，听力下降，我经常自我安慰：看来我离成功不远了，只能坚持。当然，我们不能无视另一个事实：很多优秀的人，有成就的人，同样也是长寿的人。

那么，如何解决好身体健康与事业发展的关系？这是每一个追求卓越的人应该关心的重大问题。《墨菲定律》里说："压力是一把双刃剑，驾驭得当，可化为所向披靡的利器，反之则可能会摧残自己。"

1. 你若安好，便是晴天。

仓央嘉措说："世间事除了生死，哪一桩不是闲事。"作为家里的顶梁柱，如果你出问题了，天就塌了。越是优秀的人，对于家庭和社会来说，损失就越大。我认为，心态最关键，凡事看开，不用拼命，心若淡定，万事从容。

最近我连续出差，但是不忘庭后空隙里寻访历史古迹，放松自己。我宁可被客户开玩笑说："张律师不务正业啊"，也不愿意让朋友圈被"张律师千古！"刷屏。当然，我本无名之辈，还不至于如此，所以尚需努力。即便名人千古后，也只会引得人们发两天朋友圈，两天后大家便该干吗干吗，所以不管大人物还是小人物，都要保重身体，好好活着才是正道。

2. 你不用我，我正好有时间去爬山。

谈一个案子，投一个标书，失败了，以前我会垂头丧气好几天，郁郁寡欢，自寻苦恼。现在看淡了，一颗红心两手准备，我认真去参与，结果你没有选择我，我也不会生气，正好我可以有时间去爬山、度假、休闲、读书、写作、喝茶、养生，保持一种心态："从明天起，做一个幸福的人，喂马、劈柴、周游世界。"

休养生息，锻炼身体，其实是在未雨绸缪，当你一旦临危受命的时候，就可以披甲上阵，纵马横刀，驰骋万里。

3. 事事我曾抗争，成败不必在我。

这不是推卸责任，前提是我已竭尽全力，在目前法律的框架内，我穷尽了所有途径，发挥了最完美的状态，结果不尽如人意，也不要自责，不要悲

平凡之路

伤，不要给自己太大压力，爬起来重新战斗。不能为了满足当事人的无理要求，就放弃了原则，坚守职业道德是底线。曾经有个案子，当事人让我找找关系请托一下承办人，我拒绝了，承办人故意刁难我，我把他投诉了。再后来听说他被中纪委带走了（不是因为我的投诉），我没有幸灾乐祸，但是睡觉仍然很踏实。

4. 唯有自律，可保青春不老。

2020年欧洲杯期间我看到两张照片，非常有感触。一张是法国球星姆巴佩小时候与葡萄牙球星C罗的合影，一张是最近欧洲杯上两人在赛后的合影。C罗是姆巴佩小时候的偶像，姆巴佩长大后能够与偶像同场竞技，一起闪耀在世界大赛的球场上，是一种荣幸。对C罗来说，能够一直闪耀在世界大赛的球场上，等待粉丝长大，和他们同场竞技，更是一种荣幸。姆巴佩能够以偶像为榜样，通过努力实现梦想，是一种励志，但相比而言，我更佩服C罗，能够长期保持这样的竞技状态，需要怎样的付出和自律啊！

工作再忙，也要记住：不熬夜，不打疲劳战，不贪杯，不贪食，不贪睡，养成良好的工作和生活习惯，保持良好的心态，是一个人一生的财富。

第四部分 职业人生：一路风雨一路歌

你想要一个什么样的人生？

> 没事的时候，多想想人生这个不大不小的问题，你可能会活得更明白。
>
> ——题记

少年不识愁滋味

高二暑假，我在村头的路边等公交车，遇到一个高大英武的人，从这一天起，我开始思考人生。

他是我小学的同学，是我们的班长，中学时我们就各奔东西。和两三年不见的同学突然邂逅，着实吃了一惊，他还是那么高大，更加绅士的样子，谈起话来像个干部。当时，他有一句话震撼了我的心灵，彻底结束了我幸福的少年时代，他说："你想过未来干什么吗？我感到前途一片渺茫！"

"渺茫！"我在想，我使劲地往后想，这个词很新鲜，我一头雾水。我也不知道以后干什么，以前都是无忧无虑地生活，从未考虑过这个问题，现在是不是应该提到议事日程上了？

当公交车还未停稳，人们蜂拥而上，像逃荒的人群争抢最后一班列车一样，车门终于被人使劲地踹了一下，关上了。我站在路边，看着公交车扬长

而去,扬起的尘土覆盖了我,我一个人在风尘里开始思考人生。

三十五岁以前是别人的人生

考大学,报志愿,我选择了师范院校,有人问我:"为什么选择师范?喜欢当老师吗?"我嘴上说是的,其实心里在想:师范院校有补贴,家里穷,没得选择。

关于专业,我填了中文系,可是录取通知书来了,被稀里糊涂地送进了历史系。开学后,有人问我:"你为什么选择历史系?喜欢学历史吗?"

我无奈地说:"不是我选择了历史,而是历史选择了我。"

你如果想说,既然我大学学习了历史专业,我肯定对历史非常熟悉了。那你就大错特错了,除了高考前死记硬背的一点历史知识外,大学期间我的知识几乎没有任何增加,大学丰富的课外活动让我把这点历史知识也还给了高中课本。

暑假里,夜幕降临,我们喜欢聚在大伯的家门口听他讲故事,什么《隋唐英雄传》,什么《封神演义》啊,他讲得头头是道。突然他用蒲扇拍打我的肩膀问:"托塔李天王李靖是哪里人?"我支支吾吾说不知道,他又问我:"李世民的弟弟李元霸,排行老几?"我支支吾吾说不知道,他生气地说:"你在大学里学的什么历史啊,这个还不知道?"我说:"历史老师没教!"大伯不理解,我也很迷茫。

毕业前,虽然我曾经试图冲破历史的束缚,改变一下命运,但均以失败告终,只好服从国家分配,回到老家的县城当了一名老师。我在学校的遭遇与反抗,后来抓住机会考取了法律硕士,砸破铁饭碗,这些窘迫的故事我在前面交代过。其实我在学校教书期间也有过辉煌的时刻,前面没写。

那是一次教工篮球比赛,比赛非常激烈。还剩五秒比赛结束的时候,我们队落后两分，最后篮球到了我的手里，我必须投进一个三分才能反败为胜。关键时刻，我在三分线外出手，结果没进，但是对方防守队员被吹了犯规。我罚球三次，然后比赛就会结束。

也就是说，我罚进一个我们就输，罚进两个打平，加时还有机会，如果罚进三个，就是赢一分，反败为胜。

在凝固的空气中，我站在罚球线上，看了看篮筐，突然觉得这么远呢！原来我没有戴眼镜，我赶紧招呼观众席上的学生帮我拿来眼镜，戴上眼镜，我才看清楚篮筐的边沿。黑压压的师生观众围满了球场，我深吸了一口气，努力使自己放松下来，轻松自如地投出去。

刷，刷，刷，三个全部命中！全场欢呼："乔丹，乔丹，乔丹！"

那晚我喝多了，吐了，吐完反而清醒了，半夜起来开始思考人生：这难道是我想要的生活吗？我毕竟不是乔丹！

其实备考法律硕士的时候，我心里盘算的未来的理想工作是毕业后进一个不入流的高校，当个老师，然后兼职做律师。这样可进可退，旱涝保收，多好！然而，人生不如意之事十有八九，无论我怎么努力，多么渴望进高校，结果一点高校的边也没有沾上。毕业后进了律所，当了律师，那年我35岁。

做律师，仿佛又不是我的计划，不是我自己的选择，多少有点不情愿。虽然经历了艰辛的创业和探索，辗转了不同的城市，选择了不同的专业，最终还是找到了自己的方向，渐入佳境，如鱼得水。

你会选择什么样的人生？

有多少人站在人生的十字路口徘徊迷茫？有多少人面对生活的艰辛后悔来到这个世上？还有多少人走投无路选择死亡？出生不是你的选择，那是爱的结晶；死亡你也不能选择，那是因为"身体发肤，受之父母，不敢毁伤，孝

 平凡之路

之始也"。那么,我们可以选择什么?我们可以选择人生的道路和生活方式。

尼采认为,生命的意义在于不断挑战自我,超越自己,不断进步,才能实现人生的价值和目的。他还认为,生命本没有意义,需要我们赋予意义。他承认悲观主义,肯定生命的痛苦,同时提出要做一个强者,"高唱战歌征服一切痛苦"。

从传统观念上来看,尼采的一生是一个悲剧。生前他的思想不被人接受,他被视为另类,孤独终身,最后精神崩溃,悲惨地死去。但是他死后西方文化界和哲学界逐渐认识到他的伟大,他甚至被认为是20世纪最伟大的哲学家,并影响了大批的思想家和文学家,他的著作成为畅销书。

我想到一个作家:卡夫卡。卡夫卡英年早逝,只活了41个春秋。他生前是一个银行职员,默默无闻,经历过三次订婚,下班后一个人挑灯写作,很多作品没有发表出来。但他死后被整个世界膜拜,被认为是现代派文学的鼻祖,表现主义文学的先驱。

我又想到一个画家:凡·高。他把37年的生命都献给了绘画艺术,在当时人们都认为他是一个疯子,没人买他的画,他一生穷困潦倒,靠自己的弟弟救济,最后还是崩溃自杀。他死后,人们才发现了他的价值,被公认为后印象派的代表。他的画最高卖到8000多万美元,他曾经经常去作画的地方,如今成了旅游胜地。

我突发奇想,如果假设有两种这样的人生道路,你会如何选择?

第一种,生前穷困潦倒,生活凄惨,死后享誉世界,受万人膜拜。比如尼采、卡夫卡和凡·高这类人。

第二种,生前默默无闻,平平淡淡,平安幸福过一生,死后无人问津,湮没在历史长河里。

据不完全统计,自有史以来,在地球上生活过的人大约有1000多亿,但

有史料记载的可能只有 2000 万，大约只有万分之二的人名留青史，也就是说，绝大多数人悄悄来到这个世界后，又悄悄走了，没有留下任何痕迹。

如果让我选择，我不会选择第一种，为什么？第一，我自知没有这个天赋（但现在的大多数家长不认为自己的孩子没天赋），所以我不会像《月亮与六便士》里的主人公那样抛妻离子，找个地方隐居起来，做自己喜欢的事情；第二，这是一种冒险，万一死后没有成名呢？岂不是连起码的平凡生活都失去了（因为这种瞻前顾后所以我错过很多成功的机会）？走第二种人生道路的人虽然默默无闻，却是人类社会不可或缺的主要组成部分。但是我总感觉有点缺憾，也不甘心这样选择。如果是你，会如何选择？

人生只有一次选择的机会

既然成为普通大众不可避免，那就做一个平凡的人。但是芸芸众生也不是只有一成不变的生活模式，完全有机会让平凡的人生变得更加精彩。

美国诗人弗罗斯特写过一首诗《未选择的路》，其大意是：黄昏的树林里有两条路，你选择一条，留下一条待日后再走，可是你一旦选定，就不能返回，从此决定了你的人生道路。所以，人生只有一次机会，不可能重来，暂且不考虑生命轮回和虚拟世界的存在。作为普通大众，我们该如何选择呢？

一、不要荒废生命，珍惜大好时光。

有些年轻人找工作，好高骛远，眼高手低，老板训几句受不了就想走人，那是因为你的工作还有欠缺；有的人嫌工资待遇太低，心理不平衡，那是因为你还没有吃到足够的苦，没有体现自己的价值。当你频繁换工作的时候，别人在默默进步；当你准备开始工作的时候，别人已经成长为专业律师。沉下心来好好工作，你们的时代迟早会来。

 平凡之路

二、不要后悔你走过的路，这个世界没有白走的路，每一步都是你未来的垫脚石。

虽然当初历史系稀里糊涂地选择了我，我在大学里也没有学到多少历史知识，可是历史系却潜移默化地培养了我对历史的兴趣，现如今我从大量的历史故事和人物中学习了很多做人的道理。在学校教课时的业余爱好是看书写作，后来做了律师，以为文学离我远去，没想到有一天写作与律师业务相得益彰，成了我的特长。我把文学与律师生活结合起来，形成一种独特风格：律师文学，我每年在智合与律新社发表大量文章，阅读量少则五六千，多则三四万，后来结集成书，名曰《律师之道》，在青年律师中反响颇好。

三、人生没有预设，需要不断调整和修正，才能找到适合自己的方向。

人生具有太多不确定性，不可能按照你最初规划的轨道一成不变地走下去，正是因为其不确定性，人生才有魅力，不是吗？如果你的人生道路一眼看到头，假设早就预知了结果，生活不就失去了兴趣和意义吗？如同你找到一部电影大片，准备开始欣赏时，身边有人给你剧透，你愿意听吗？

我从教师改行做律师，从北京转战到上海，从"万金油"律师成为专业律师，其实就是一个不断修正的过程。我律师执业的前五年，几乎所有案件都做过，后来我发现必须找一个专业方向才是正道，于是我来到上海后选择了建设工程领域。我坚持耕耘在这个专业领域，抵制住其他案件的诱惑，有当事人来找我做其他案件，我给他介绍律所其他专业的律师，我宁可没有案件做，也不勉强自己，这时我可以埋头学习。

熬过艰难的时刻，经历涅槃的过程，我终于成功地走向专业化道路。

我好像找到了自己的方向

当然，人生有一种最理想的方式，用李清照的诗句概括就是："生当作人杰，死亦为鬼雄"，也就是那种生前风光无限，"振臂一呼，应者云集"，死后用臧克家的诗句概括就是："有的人死了，他还活着"，受万人敬仰。金庸说："大闹一场，悄然离去。"

我不求大富大贵，不求青史留名。我想可以退而求其次：我们百折不挠地活着，活出一个别样人生，然后将自己的曲折经历和荣辱得失记录下来，百年以后有人在寂寞的角落发现了我的书，惊呼起来："他竟然还可以这样做律师？"为此我不懈努力，鞠躬尽瘁，乐此不疲，死而后已！

我曾在西藏的夜晚寻找星空，一次有幸在日喀则的云端看到满天繁星。在那一刻，你可以想象宇宙是多么的浩瀚，人类是多么的渺小，人生是多么的短暂。即便在银河里做一颗星星，默默无闻，毫不出众，但在逝去的那一刻，却也能划出一道漂亮的弧线。哪怕只是稍纵即逝，至少留下了光和热，给在夜晚中孤独前进的行人以信心和勇气。

 平凡之路

乡愁和恩情相伴，照亮律师的平凡之路

> 多回家乡看看，那是你奋斗的出发点和动力源泉。
>
> ——题记

月光之下，鼾声如歌

深蓝的天空中挂着一轮金黄的圆月，下面是一望无际的碧绿的西瓜地。一个少年偷偷摸摸地溜进西瓜地，四下张望着，侧耳倾听着。

他，不是鲁迅笔下的闰土，而是少年时代的我，一个家里很穷，实在无法抵挡西瓜诱惑的小学生。

西瓜是生产队的西瓜，看瓜的是本村的老王头。每次我上学十有八九都会碰见他，我也必然礼貌地叫一声："二大爷好！"他就和我点头，只是不说话。我知道，他本来就不爱说话，我还知道，他睡觉爱打呼噜，呼噜可以打得震天响。晚上路过他家门口的人，都会听见他的呼噜声，就像拉风箱的声音，第二天见了他说："你家屋子肯定很干净，不用扫，灰尘早就落完了。"他只是笑笑，不说话。

我就是利用了他的这个特点，所以才敢冒险来到西瓜地。

起初，我只是远远地听，只听见瓜棚里有咳嗽声，没有呼噜声，知道他

还没有睡着，就继续等。我着急地在瓜地边上徘徊，直到夜深了，露水下来了，田间的小虫在争相唱歌。不对，不是唱歌，好像是在嘲笑我吧，我羞愧地低下了头。

突然，熟悉的声音终于响起来！因为我父亲打呼噜在村里也是远近闻名，所以我对这个声音非常熟悉，判断绝对不会有错，出击！

皎洁的月光照得西瓜地如同白昼，西瓜就像金子一样闪闪发光，这是我记忆里再明亮不过的月光了。在如爵士乐般的呼噜声中，我抱着一个大西瓜颤悠悠地走着，在沙地里深一脚浅一脚，有些吃力。

突然，呼噜声停了，我赶紧趴下不动。我想：坏了，莫非这个二大爷醒了？我要是被抓个正着，游街示众，太丢人现眼了！

正吓得出汗，熟悉的声音又重新响起！鼾声大作！我赶紧爬起来，抱着西瓜向附近的小树林奔去。

我如饥似渴地啃着西瓜，说实在的，瓜还有点生，只有六分熟，但是在我记忆里却是最好吃的西瓜，也是让我吃得最满足的西瓜。此后长久以来，我的生活里充满着幸福感，学习特别带劲。

后来每次上学，照旧会遇到老王头，照例会叫他"二大爷"，他会点头，还有微笑，只是微笑中带点神秘。"莫非……"我心里在嘀咕，不可能，自己做了亏心事，心里有鬼而已。

后来，我考上了大学，在那个年代也是远近闻名的事件，再后来我考上研究生，再后来在北京做了律师，每次回家有点衣锦还乡的感觉。

衣锦还乡，恩情难忘

那是在北京做律师的第五个年头的春节，我在老家的村子里遇到了老王头。多年不见了，他已经是一个白发苍苍的老人，走路颤悠悠的，我照例喊

 平凡之路

了一声"二大爷"。他一脸陌生地看着我,问:"你是谁啊?""我是张刚啊,您不认识我了吗?我小时候上学经常从您家门口路过。"

他想了半天,突然激动得手抖起来,拉着我,说:"果然有出息,我没有看错,那时候我看瓜,村里很多人都去偷,我一个也没有放过,只有你。"

我怔了半天,弱弱地问:"您当时就知道啦?那个晚上您不是在睡觉吗?"

他哈哈大笑起来:"我那是装着打呼噜,其实没睡,我觉着你是有礼貌的老实孩子,放你一马。"

我羞愧地低下高昂的头,向老王头毕恭毕敬地作了一个揖。

我敬他用心良苦成全了一个误入歧途的孩子,我敬他给我保留这几十年的尊严,我敬他虽没有文化却有高尚的人格,我敬他虽贫穷却拥有纯洁的心灵。

一个人从小到大,不知道会遇到多少人的帮助啊!有时候是一句鼓励的话,有时候是扶你一把的手,有时候是陌生人的雨伞,有时候是路人的一声咳嗽吓跑了歹徒,有时候是不经意的点拨指明了前进的方向。

在做律师的过程中,我得到过很多人的帮助。刚拿到执业证时,有当事人愿意让我把他的案子当作实验,给我鼓励和宽容,帮助我渡过难关。北京的客户李忻姐,把我视为亲兄弟,让我看到人性的善良是没有边界的。来上海做律师,我重新认识了很多客户,即便委托我做的案子有输有赢,仍然信任我,对我不离不弃。当然还有亲人、同学和朋友,温暖的关心和温馨的牵挂让我信心满满,动力十足。

从穷日子里走出来,我时刻告诫自己:我是从农村出来的,小时候家里很穷,很多人帮助过我,千万不能骄傲自大,千万不能忘恩负义。

我时刻提醒自己:不因善小而不为。举手之劳的免费咨询,可能会帮助一个人解脱苦恼,使他抑郁的心情豁然开朗;读者把你当作心灵导师,你耐心解答他们的困惑,可以为他们指点迷津;写一点执业心得之类的文章,分享自己

的经验教训，可以帮助青年律师快速成长。千里迢迢，从东北松花江边慕名而来的当事人，咨询结束后非要拉着我去饭店请我，我趁上厕所时偷偷地买了单；十年前我免费代理过的一个当事人，两个月前给我寄了一张1000元的汇款单，我一直没有领，最后自动退回。

荀子云："不积跬步，无以至千里；不积小流，无以成江海。"古训至理名言，吾辈自当勉之，不求轰轰烈烈，但求点点滴滴，善莫大焉。

尊姓大名，上海律师

我坐在从成都回上海的飞机上，闷闷不乐。

一个简单的案件，让我从上海到成都跑了六趟，还没有结果。落后的设备、保守的思想、陈旧的思维、地方保护主义、傲慢与偏见，让我的心情难以平静。谁让我是律师呢！只好自己安慰自己。

"请问，您是上海人吗？"邻座的旅客问我，操着生硬的普通话。

我一看是一个又黑又瘦的中年男人，因为戴着口罩，所以看不清脸，但见一双期待的眼神。

这个问题不好回答。在我的概念里，上海人是指祖籍就是上海的，或者出生在上海，或者至少户籍是上海的，且会说上海话的人。按照这个标准，我不是上海人，我出生在山东，户籍在北京，不会说上海话。我是哪里人？我认为我是山东人，因为我祖籍在山东，会说山东话。我只是在上海工作而已。

做律师久了，有时候就爱较真，甚至有点强迫症，非要讲究说话准确，有理有据，我觉得这是病，得治。

我没有回答这个问题，而是反问道："您是去上海吗？探亲，出差，旅游？"

他显然知道我误解了他，我以为他没事想聊天，于是他自我介绍起来："我是去上海送我女儿上大学，她考上了华师大，过几天要开学了，我们提前过

 平凡之路

去想逛一逛大上海,想知道外地人去上海,应该去哪里最好?"

起初我以为他们是四川人,后来知道他们是从拉萨来的,而且是藏民,在成都转机,他们是第一次去上海,对上海这个魔都充满了神秘的向往之情。

几个敏感的名词一下子刺激了我的神经。

拉萨,我太熟悉了!为了一个案子,2017年前后一年半的时间里我去了五趟,历尽磨难,忍受高反,先是败诉,后来反转,经历了戏剧性的人生。

华师大是我太太的母校!所以感觉格外亲切。

于是我耐心地给他讲解上海的特色景点,给他推荐了外滩、陆家嘴、豫园、南京路,还有炮台湿地公园,也可以看看大海。我觉得从"世界屋脊"下来的人肯定想看大海,如果还有时间,可以去周边的古镇看看,比如周庄、乌镇,应该有不同的感受。我给他介绍上海的美食和风土人情,讲上海的魅力所在,声情并茂,俨然成了上海人,唯独不会讲上海话。

我讲得绘声绘色,他听得津津有味,连连点头。

他又问我,住在上海什么地方方便,让我推荐价位不太高的酒店。当我得知他女儿在闵行校区的华师大,我劝他们住在学校附近,那边酒店相对便宜,坐地铁也方便。

在机场出口,我看他扛着大包小包,在询问机场工作人员,女儿拉着箱子,显然是在问路。

我走过去,和他招呼一下,说:"跟我走吧,我有车,我正好顺路经过华师大。"其实,我住在南翔,在虹桥火车站北二十多千米,而华师大闵行校区在火车站南三十多千米处,刚好是相反的方向。

他连声感谢地说:"太谢谢了!太谢谢了!这么巧啊!"

我的车停放在机场车库,我费了好大劲才把他们的行李塞进了后备厢,使劲地关上后我们就上路了。一路上,我和他谈当年去西藏时的感受,说到

高原反应时，他哈哈大笑，带着高原之鹰的自豪感，说再去时可以找他。

一个多小时后，我把他们送到华师大附近的一家连锁酒店，已是深夜十一点多，我向他摆摆手说："祝你们旅途愉快！"然后转身离开。

我刚拉开车门，低头正要入座时，听见有人大声喊道："先生，请问尊姓大名？"原来是那个西藏人从酒店跑出来，向我招着手问。

"我是律师，上海律师！"我转身回来对他说。

 平凡之路

律师与汇款单

> 有一天你发达了,不要忘记你也曾经落魄过。
>
> ——题记

2020年五一节后,疫情有所好转,大家相继复工,心情走出低谷,生活恢复如初,律师业务也好转起来。

这几天接了几个案子,律师费也进账了,律师的成就感重新点燃,走路也挺直了腰,有点飘飘然。

前几天,我还收到一张汇款单,是空降的,突然到访的那种。试想:如果天天能收到汇款单就好了,日子就不愁了,如同在群里可以天天抢到红包,而且是大红包,多好啊!

俗话说,日有所思夜有所梦,晚上我梦到了一个老人。我出差时路过一个熟悉的场景:低矮的茅屋,残垣断壁,还有一个篱笆门,院子里一个老人拖着沉重的步子,手里抱着柴草。我走近了看,原来是母亲。

我掏遍了口袋,没有找到一分钱,我发疯地寻找钱包,我大哭着找手机,都没有找到。

母亲说了一句话让我冷静下来:"孩子,我不需要钱,别忘了你是从农村出来的就行,做一个有良心的律师。"我看着母亲一瘸一拐地走了,我知道留

不住她，知道这是梦。

母亲生前做过一次手术，是一家三级甲等医院的外科主任做的，术后出现小腿麻木和萎缩，现在看来是一起严重的医疗事故。

我当时在遥远的外地读法律硕士，我还是学生，刚刚转专业的学生。没有任何法律实务经验，我只有认真研究《医疗事故处理条例》和相关案例，我凭我的法律常识断定医生负全部责任。为了进一步证明是医疗事故，我带着母亲去省城大医院检查，好几个专家都一致认为，这是手术不成功留下的后遗症，医生在缝合伤口的时候没处理好血管和神经，导致压迫神经，患者的腿部会越来越萎缩，直至瘫痪。

我带着母亲去找那个主任医生，他态度很好，当时就拿出两万元，让我们到大医院看病治疗，他表示已经无能为力。母亲看着战战兢兢大汗淋漓的医生，和我说了一句："我们走吧！"

我不解，在楼梯问母亲，为什么就这样放过他？

母亲说，人家又不是故意的，认错态度这么好，这样闹下去，人家主任也做不成了，我不想坏了人家的前途。

母亲为她的宽容付出了巨大的代价。我们去了国内很多知名的医院看病，包括我在北京时带着母亲跑了好几家医院，都没有效果，还用了很多偏方，也不管用，最后我们放弃了治疗。我每次回老家，都会看到母亲用一个木头锤子在使劲敲打她的腿部，脸上难掩痛苦的表情，这个痛苦一直折磨母亲到生命的尽头。

后来母亲的腿走路越来越困难，越困难就越不愿意走路，身体就越来越胖，突然有一天她嘴不听使唤了，手也不听使唤了。到医院一查是脑梗！住院治疗一段时间，医生说主要还是回家锻炼，慢慢恢复。

母亲每天拖着沉重的身体，一瘸一拐地锻炼，起初我们兄弟姐妹都在身

 平凡之路

边照顾着，后来是轮流着照顾。有一次，母亲小便失禁，自己竟然不知道尿了裤子，自己就笑，笑着笑着就哭了。

在一个夜深人静的晚上，母亲走了，静悄悄地。睡在一边的父亲到天亮才发现，母亲已经穿好衣服坐在地上，一动不动，一根麻绳从窗户上垂下来。

那天我接到电话时正在开车，我已经无法把握方向盘，只好把车停在路边号啕大哭。我无论如何也想不明白，母亲选择了这种方式离开，母亲一直盼着我能够出息，盼着我找个好医院给她看病，盼着我能够过上好日子。

直到有一天，我看到一句名言，才明白母亲的心思。

日本明治时期的美术家冈仓天心说："唯有以美而生之人，能以美而死，如此他们此生其他的时刻，尽是高雅动人。"

母亲带着伤痛走了，留下了宽容、善良和高雅。

我十年前在北京做律师的时候，经常为弱势群体打官司。为中专毕业生奔走呼号，为民办教师维权，为农民工要工资，为医疗事故的受害者和交通事故的伤者争取权益，为离婚的女性代言，为很多穷人打过各类官司。有成功，有失败，收获了友谊和感恩，也有过苦恼和委屈，虽未赚到钱，但是感觉比较充实和踏实。

来到上海后，我逐渐走向专业化道路，选择了建设工程领域。我不是刻意脱离了基层群众，也不是刻意选择高大上的案件，而是做太多太杂的案子，我感觉太累，力不从心，也是一个机缘巧合做起了建设工程的案子。虽然我的专业方向是建设工程，但是每年我也会偶尔为弱势群体代理几个案件，好像为了给自己的良心一个交代似的。

那张汇款单的汇款人就是十年前我代理一起民办教师转正案件的当事人，他是湖北天门的一个民办教师。这几天他通过邮箱给我写信，咨询我一些问题，我给他耐心做了解答，他为了表达谢意，非要支付咨询费，我拒绝了，

没想突然收到他的汇款单，金额是 1000 元。

我一直为自己身为律师，却不能为自己的亲人争取到权益而深深懊悔。但是我理解并尊重母亲的决定，正是母亲的言传身教深深影响了我的为人处世。

有一次，我开车过十字路口，准备左拐时，发现绿灯快要变红灯，因为对面行人太多，于是我停在路口，礼让电动车和行人先行。不料，我后面一辆车的司机开门下来，走到我的车窗前，对着我大吼大叫，还指手画脚地，他的意思是，我应该早一点闯过去，而不是停下来，影响了他的行程。我忍着火气，看着他笑。没想到，绿灯还差两秒才亮，他一个加速，超过我的车直接冲过去。

我知道，他这是在向我挑战！我还是没有动火，小心翼翼地过了马路，跟在他后面。

我怕他吗？错了！我如果下车来和他理论，他不是我的对手，但我担心影响了后面车辆的行程，也不想引来路人的围观，把我们当成小丑，造成交通堵塞。如果矛盾升级，我和他动起手来，他也不是我的对手，我担心一拳把他打倒在地，造成流血事件，必然引来警察，必然要配合调查，必然要分出个谁是谁非，多麻烦啊！

我可不想和这种人浪费时间，这世上，有些人不值得我们和他动火，我的时间比他宝贵，我不屑和他争斗！这样想着，这样安慰着自己，心情居然敞亮了许多。

手里拿着汇款单，一筹莫展，我真的不想收这个钱，1000 元，不多也不少。对一个律师来说，不多；对普通人来说，应该是不少。我知道天门是这次疫情的重灾区，老百姓已经深受其苦，即使没有疫情发生，他们也是很贫穷的民办教师，日子必然非常艰难，挣 1000 元钱也很难。

 平凡之路

我查看他的邮箱,上面没有地址,没有电话,没有微信,没有账号。怎么退回去啊?

我反复看这张汇款单,当我翻到背面时,突然发现一行字:"汇款支取前所有权属于汇款人,如到期未领,汇款退还汇款人,本通知单作废。"

我脸上露出轻松的微笑,我知道怎么做了。

第四部分　职业人生：一路风雨一路歌

父母眼里的律师世界

> 感恩父母给了我们生命，养育我们长大，以后的路只能自己走。
>
> ——题记

我从泰山脚下的农村走出来已近二十年，虽然从未隔断与家乡人的联系，比如春节几乎都要回家过年，其间也会回家探亲。但是我们在外拼搏的曲折和困顿，从未和家里人提起，每次问都说挺好的，因为他们帮不上忙，还徒增担忧和牵挂。即便后来事业有了起色，也从未向家里人炫耀和张扬，因为我们没有炫耀的资本。

我们的父母辈几乎都是文盲，也没出过远门，不了解这个大千世界，更看不懂我的律师世界，在他们眼里，我依然是停留在他们身边小时候的样子。

岳母

下午五点半，我还在开庭，已经接到岳母三个电话，我不能接，待到法官敲响结束的法槌，我就急急地拨回去。

"怎么啦？"我急切地问。

"五点多了，还不下班啊？"那边大声喊着。

提着的心一下子放下了。自从把八十多岁的岳母接来上海，家里就有一

平凡之路

老一小等着我回家吃晚饭。儿子依照美国时间宅在家里黑白颠倒地上网课，一天就只能在一起吃一顿饭，就是晚饭。有时候单位下午有会议，结束后聚餐，我几乎每次都请假。有朋友来访吃饭，我尽量安排在中午。所以我每天下午尽量在四点左右出发回家（除了出差），顺便去菜市场买了菜，回到家做好饭叫醒儿子吃晚饭，对了，儿子是吃早餐。

老人以为我每天按时上下班，五点就应该到家了，过了点就焦急，她还以为律师的工作和原来我当老师的时候一样，签到签退，按时上下班。

周末，我告诉岳母，老三（指我爱人）今天回来。我准备饭菜时，回头竟然不见老人，她静静地坐在门口的过道里，过道里光线很暗，不仔细看竟发现不了她。我问她："坐那里干啥呢？""我等着给老三开门啊！"我笑了："她从南通开车回来，还有两个多小时才能到呢！"她就起身离开，过一会儿又坐过去，几次三番地，一直到太太敲门。

岳父

岳父病情加重的时候，终审判决书刚刚下来。

我代理家乡的中师毕业生六十五人诉当地的教育部门，要求按照当时的就业政策和合同安置工作，官司从中院打到高院，打了两年多。其间，我担心家人受到牵连，岳父非常支持我代理这个案子，十分关心案件进程，我经常向他汇报工作。

北京奥运会前一年，岳父去了北京，我和儿子带着他首先瞻仰了毛主席纪念堂，然后逛了天安门和故宫，游了颐和园和北海公园，我们走走停停，停停走走，看着岳父走路异常艰难的样子，我问："累吧？"他气喘吁吁地回答："不累！"我知道神圣的首都北京在老人心中的地位多么重要，是坚强的意志在支撑他圆这个梦。

2010年接到岳父病危的通知后,我们急急从北京赶回去。他躺在病床上,喘着最后的粗气,眼睛闭着,不能言语,我们竭力陪他说话。太太突然想起一件事,哭着大声对他说:"那些学生的案子打赢了,这是判决书,你醒醒,你看看啊!"

只见从岳父眼角里流出长长的泪水,我们知道,他听见了,他欣慰了!

父亲

我们从北京来上海两年后,决定让父亲来开开眼界,瞧一瞧大上海,于是让大哥带着父亲坐上高铁,风尘仆仆地奔来。我去接站,见他们肩上一人扛一个编织袋,走出车站打开,一个装了白菜,一个装了煎饼。

我在建筑工地见过农民工就是这种架势,别人以为我代表建筑单位来接站呢。

父亲见我埋怨他们这么狼狈的样子,就说:"大城市的菜肯定贵,这是俺自己种的,好吃。南方的饭你们吃不惯,还是咱山东的煎饼好吃。"

我带着父亲他们来到南翔古镇,中午让他们尝一尝上海的名小吃——南翔小笼包。正吃着,我问父亲:"好吃吗?""好吃,"父亲接着问,"这包子多少钱一个?"我不假思索就说:"三块钱一个吧。"父亲一听就放下了筷子,自言自语:"咱家那里的包子三毛一个,比这个好吃。"

回家的路上,儿子一个劲埋怨我,不该说实话,应该说三毛一个,爷爷肯定继续吃,这下爷爷没吃饱。那几天,我们没有下馆子,在家自己做饭,父亲吃得香。

孙子非常了解爷爷。2005年我研究生还没毕业,从沈阳先去北京找了工作,太太也要去北京面试,儿子在沈阳的小学还没放假,就让老爸去沈阳照顾儿子,太太临走留下1000元钱,一个月后回去时父亲从兜里掏出800元钱。

 平凡之路

儿子跟他妈妈说,他让爷爷买西瓜,两元一斤,爷爷嫌贵,后来买了,光叫他一个人吃,爷爷不吃,说从小就不爱吃西瓜。儿子疑惑不解的是,为什么世界上还有人不喜欢吃西瓜呢?

母亲

2006年春,我刚从北京的地下室搬上来,就把母亲接到北京去了。

母亲在老家医院做的腰部手术一直留下一个病根:小腿疼痛麻木,肌肉萎缩,行动不便。四处求医无果,我一直想带她去北京大医院看看。

凌晨五点我就在北京最好的骨科医院排队,八点开始放号,我经过与黄牛的抗争幸运地挂到了6号。不料那个专家一直到十点才开门问诊,说是家里有事耽搁了,终究也没有道歉,倒是看病的速度加快了,因为他的病号挤满了走廊,吵吵闹闹的。

轮到母亲,我们进去,我把病历递过去,刚扶母亲坐好,专家就开始开药,说回家吃吃看吧,下一个!

五分钟不到,我扶母亲出来,母亲耳聋,问我:"还没看,就走吗?"

我说:"大夫说,没有问题,吃点药就好了!"母亲很高兴!

我们在天坛门口的小摊吃早餐,桌子摆在路边,人很多,没有座位,我们就站着吃。母亲拖着疲惫的身躯,靠在一根电线杆上,终于一个好心的游客给母亲让座,母亲感动不已。一阵风起,黄沙吹到碗里,豆腐脑表层像是撒了一层芝麻盐,母亲用勺子撇掉,几口喝下。

后来我们一家三口来到上海,我的律师业务才有了起色。

我邀请母亲来上海,她问:"上海在哪里?比北京远吗?比北京好吗?"

我说:"北京在我们的北方,上海在我们的南方,上海比北京远,上海是大城市,可好呢!"

"不去,你好好地在北京做律师,干吗跑到上海去啊?"

"上海和北京不一样,你来看看就知道了。"我再三央求母亲,母亲最后答应说,现在腿脚不方便,去了大城市不跟趟,等病好了再去吧。

自从我开始做律师,母亲就经常叨唠,满怀质疑:"你自小就老实,很少跟人打架,打架也打不赢,你现在当律师给人家打官司,怎么打得过人家呢?"所以母亲以为我做律师肯定做得不好,以为我是死要面子活受罪——硬撑,就不想给我添麻烦,借口不来上海。

可是母亲的身体一年不如一年,直到2017年离世,也没有来过上海。母亲以为她还有时间和机会看看大上海,看看儿子上班的地方,没想到,有些事情一旦错过将永远不再回来。

尽管我们和父母在地理上隔着千山万水,在思想上存在深深的代沟,但爱是永恒的主题,从未缺席。逝者已逝,思念依然;生者已老,牵挂愈浓。有生之日善待你的父母,不要留下遗憾。

 平凡之路

疫情期间我去新疆库尔勒开庭（一）

> 律师的大部分功夫在庭外，与法律无关。
>
> ——题记

全国各地偶发的疫情此起彼伏，这不，北京突发的疫情升级，让全国人民立刻紧张起来。巴音郭楞蒙古自治州中级人民法院发来的开庭传票，定于2020年6月20日开庭，我订好的机票和酒店来不及更改。去还是不去？是一个问题，去之前做什么准备？去了遇到临时管制怎么办？随后的一系列问题都需要律师面对。

一个在新疆库尔勒的案子，开庭前五天客户临时委托我代理。在我出发之前，同事和我透露一个情况，我也没在意，他说他的案子的对方代理人是北京律师，因为疫情来不了了，但是法院不想延期开庭，双方还在沟通。于是我和同事讨论起来，这是不是不可抗力啊？北京律师可不可以据此主张延期开庭啊？法院应该怎么处理啊？看新闻，近期确实发生不少类似情况，各方不好协调，究竟如何处理？是不是有关部门应该出一个文件啊？这事再议，先说我的案子吧。

原告的代理人是一名武汉律师，我听说后突然紧张起来，出发前一天我打电话问他："杨律师，你去新疆没有什么限制吗？"他说："有啊，库尔勒的

疫情防控中心要求武汉去的，必须带着七天内的核酸检测报告。"我问："我们呢？""不知道"。

我安排助理马上落实，一会儿助理回复："要求必须带核酸检测报告！"

我立刻联系医院，医院回复：一周内的核酸检测已经预约排满。我联系一个客户朋友帮我联系检测机构，回复说："我找了老总，最快上午去检测，当天晚上可以出结果。"我一看时间，已经是十一点半，估计来不及了。问题是非医院的检测机构是否有效？我亲自打电话给库尔勒防控中心："我是上海的，明天去库尔勒，请问检测公司的核酸检测报告是否有效呢？""上海的不需要""确定吗？""确定""为什么刚才有人问过，你回答说需要呢？""我刚刚请示了领导，说除了北京和武汉来的，其他地方不需要，但是你需要联系居住的酒店或社区，看看有什么特殊要求。"

接着我打电话给酒店，酒店回复说，上海的看健康码就行。

于是我就放心出发了。

在机场时刻戴好口罩，在飞机上不吃不喝，不上厕所，飞机三个小时后到达重庆T2航站楼，再到T3航站楼转机，停留两个小时后登机。

在重庆登机前，检票工作人员要求旅客出示健康码和行踪轨迹图，机场人员反复强调：有去过北京、武汉、吉林和保定的，需出示核酸检测报告，否则不准登机。

我们顺利登机，经过四个小时后，到达库尔勒机场，也就是说，我们用了一整天在路上，不吃不喝，不上厕所。我平时在办公室喝茶从早晨七点开始，一直到下班，然后晚上回家接着喝茶，一直喝到晚上十一点多睡觉。出差时，可以做到滴水不沾。看来做律师，必须做到：在家时能抗洪涝，出门时能耐大旱。律师就要做沙漠里的骆驼！

机场出口，大家排队，打开健康码和行踪轨迹图，然后刷身份证出门，

 平凡之路

前面的旅客陆续往外走,等我刷完身份证,刚要出门,被工作人员喊住:"先生,你等一等!"

我问:"怎么了?"

他问:"你从哪里来的?北京吗?"

我说:"不是北京,是上海。"

他问:"你是北京户口?"

我说:"是的,可是我很久没去北京了。"

他问:"你有核酸检测报告吗?"

我说:"没有,我问过这里的防控中心,说上海的不需要。"

他问:"你怎么证明没有去过北京?"

我说:"看我的行踪轨迹啊,还有我的律师执业证。"

我拿出律师证,给他看,特意指着上海市司法局的公章,告诉他我在上海执业。

他还是不同意放我走,让我等待,他要请示领导。等待期间,我有些焦虑,一旦不让我走怎么办?一旦拉我去隔离,做核酸检测,怎么办?第二天还要开庭呢!

过了十几分钟,他告诉我,你可以走了,欢迎来库尔勒!

我如释重负地飞起来,不是人飞起来,是心情!

住进酒店,只需出示健康码;进法院,只需出示健康码。出奇地顺利!

我们是周六开庭,我起初以为他们案子多,工作日排不开,只好排到周末,经了解,原来他们一周有六个工作日,只休息周日一天,于是肃然起敬。

这里的法院开庭,要求律师穿律师袍,戴口罩,全程录像,非常规范!完全没有想到,在偏远的大漠边缘,法律的遵守与适用一点也不含糊,都是正儿八经的!

开完庭，走出法院，我仿佛听到塔克拉玛干沙漠里楼兰姑娘的歌声，于是想去大漠里流浪；我好像听到天山的呼唤，于是想去塔里木河游泳；我崇敬胡杨树的"生而千年不死，死而千年不倒，倒而千年不朽"的顽强意志，于是迫不及待奔它而去。

安检时人们井然有序地排着队，到一个警务站刷身份证，前面的人通过得是那么流畅，轮到我又被叫住了！

原来还是北京户籍原因！我照例是反复解释没有去过北京，人家也是反复解释为了疫情必须谨慎，希望理解。我使出浑身解数，解释清楚了北京户籍的不一定就是在北京居住，我是从上海来的，我在上海做律师，拿出行踪轨迹图给他看。他一看，就立刻紧张了，问你为什么去过这么多地方啊？有浙江嘉兴，有四川成都，有江苏南通，我接着解释，做律师的，就是这样的工作性质，客户哪里需要，我们就去哪里，客户指到哪，我们就打到哪，当然不是打架，而是打官司。

"你为什么不做核酸检测？可能需要现在去医院做核酸检测。"他说。我反复解释，我们来之前和防控中心联系核实过，防控中心说过不需要，所以就没做，我明天就走，离开新疆。

他又经过一番请示后说："好了，走吧，祝你旅途愉快！"

在回程的飞机上，我总结了一下疫情期间律师出差需要了解的出行指南。

1. 如果法院是在外地，一定要提前和法院沟通，最好要求线上开庭，能不出门就不出门。

这次疫情推动了线上科技的发展，可是有些地方的法院还是不具备条件，尤其是西部地区，大多数法院不具备线上开庭的条件。疫情很严重的3月份，我接到成都某区法院的电话，说你下午来一趟法院做一个笔录吧，我说我是上海的，去不了，也来不及，可不可以线上解决啊？那边说，我们法院没有

 平凡之路

这个设备。最后经过反复交涉后,事情通过快递解决的,开庭还是要去法院。

如果没有线上开庭的条件,就只能是做好出差的准备工作。

2. 熟悉疫情防控要求和流程。

提前联系当地的疫情防控中心,搞清楚对外地人的防控要求。如果你来自中高风险地区所在的省市自治区,最好谨慎出行,要么做核酸检测,带着阴性的报告,要么放弃出行,我最近就和一客户解除了在北京知识产权法院的案件委托。在每个环节,如机场、酒店、法院、景点等,时刻做好安检准备,准备好健康码和行程轨迹图,在人多排队的情况下,可以迅速出示,迅速通过。

3. 耐心沟通,不要急躁,互相理解。

这次出行虽然因为自己是北京户籍,被格外关注,但是每次都能保持良好的沟通,通过耐心地解释避免了不必要的麻烦。疫情期间的限制,必然会给出行带来诸多不便,但是为了大家的安全,必须相互配合,相互理解。

4. 做好充分的思想准备,任何事情都有可能发生。

疫情可能会反复,防控有随时升级的可能,一旦被隔离,不要恐慌,耐心配合。

5. 出行不忘饮食健康,保持心情放松。

哪怕到了大漠边疆,见到了梦中的"楼兰美女",亲近了久违的胡杨林,也不能过于激动,不能忘乎所以,不能过于疲劳,保持体力,保持良好的身心健康,提高免疫力,是防疫的最好方式。

6. 尽量做到快去快回,不要久留,尽量不要给当地防控人员带来麻烦。

目前交通已经非常便利,除了太远的地方必须乘飞机外,一般地方高铁可以做到早晨走,晚上回,尽量少在外地停留,减轻防疫压力,降低自身风险。

夏至日的晚上十一点钟,飞机刚降落在上海虹桥机场,我打开手机微信,

看到盈科库尔勒分所律师的一条消息几乎使我崩溃：法官打你电话打不通，让我告诉你，7月1日这个案子要再次开庭。

同时他告诉我，疫情防控今天升级了，外地人来这里，必须出示阴性的核酸检测报告，武汉和北京的，要被隔离十四天……

 平凡之路

疫情期间我去新疆库尔勒开庭（二）

> 给你的艰苦旅程带来安慰的，也许是美丽的风景。
>
> ——题记

后来，因为疫情升级，原定于7月1日的开庭临时取消，后来疫情好转，法院通知7月18日开庭，我问："线上开庭不行吗？""不行！"开庭日近，7月16日突然曝出乌鲁木齐新增一例境内患者，我的神经一下子紧张起来，赶紧给库尔勒防疫中心打电话，回复说，上海的不需要核酸检测报告，于是就

放心出发了。

飞机起飞前,为了变相通知客户和朋友我要关机了,所以发了一个以机场为背景的朋友圈,大意是飞新疆了,"前途未卜"啊。

结果在西安转机时,打开微信一看,朋友圈留言的很多,还有私信。有的说,新疆不让入境了,有的说来了新疆要被隔离,有的说来了新疆就回不去,云云。还有一个朋友半开玩笑地说,张律师这是打算要写续集吗?

我不想写续集,有续集就等于有故事,有故事就是有曲折,有曲折就是有风险,肯定不是一帆风顺,但是文似看山不喜平嘛。

在西安转机时,我最关切的问题就是,去库尔勒的飞机能不能正常起飞?我急忙赶到登机口,有工作人员正在大喊:"有去库尔勒的旅客吗?"

我回答:"有,有,有。"

"在这里扫二维码,出示轨迹图和健康码。"

这下放心了,这俩东西我早就准备好了。

顺利登机,起飞,经过三个半小时的行程,到达库尔勒机场。飞机停稳后,没有马上打开机舱,而是听到广播:"请各位旅客不要下机,在座位上耐心等待,有防疫人员登机检查旅客身份信息。"

我的心一下跳到嗓子眼,北京身份证是不是在重点检查之列?

只见四五个身穿白色全套防护服的人员从前排开始检查,先测体温,再看健康码和轨迹图,然后是身份证。大概十几分钟后,工作人员讲话:"身份证被收走的旅客,请跟随防疫人员下机。"大概有七八个人被防疫人员带走了。

七八个人里面没有我。

我顺利走出机场,心情再次飞了起来。

在去酒店的路上,我不免心生疑惑:为什么不收我的身份证?此一时彼一时吧,北京疫情好转,北京身份证不再被关注,这让我稍稍有点"失落"。

 平凡之路

一路上一直提着的心一下子放松了,顺利入住酒店后和库尔勒分所的律师来到一家新疆特色饭店。我们喝着大乌苏,吃着烤全羊,大快朵颐,忘乎所以。

即兴来了一首打油诗:

西域路漫长,重逢烤全羊。

他乡有兄弟,不再思故乡。

写诗,其实就是为了安慰自己而已,那时乌鲁木齐已经曝出更多境内病例,导致新疆各地人心惶惶,草木皆兵。我是明知山有虎,偏向虎山行,没办法,谁让你是律师呢!

我其实很想家,在库尔勒开完庭,还要飞成都,在成都开完庭,还要飞山东老家。母亲第三年的祭日,我必须回去,所以归心似箭。

本来计划在库尔勒开完庭,第二天晚上再去成都,现在疫情的不确定性让我决定当天就走,不宜久留。于是赶紧通知公司改签机票,可是公司告诉我,改签机票需要请示领导,周末领导不上班,所以不能改签。

好吧,只能祈求不要再有新的疫情,不要把我留在这里!

第二天上午,我们早早等在法院门口,安检开始时,排在我们前面的是对方律师,他是武汉的,顺利过关。然后是我,保安看了我的身份证,没事,又看我了我的轨迹图,问身边的特警:"他是上海来的,可以吗?"

"不行,江浙沪一带不能进。"特警说。

我一下子急了:"为什么?上海一直是低风险区,我问过防疫中心的人,没有问题的,机场也检查过了,也没有问题。"后来了解到,在新疆人眼里,相比"大新疆"来说,江浙沪就是一个"弹丸之地"。

刘律师赶紧给法官打电话,法官过来了解情况后,告诉我:"你现在去医院做核酸检测吧。"

我说："核酸检测不是一时半会就能拿到结果的，你们也没有提前告诉我，需要核酸检测报告啊！"

法官说："我也没有办法，不让你进，也不是我的事，你还是去医院吧。"

我的天啊！什么时候上海的又被限制了？没有办法，我和刘律师直奔中医院而去，还没到医院门口，就看见排队等待核酸检测的人已经排到大街上了，还拐了好几个弯。这要等到猴年马月啊？

正在此时，对方律师打电话过来，问："张律师，你们怎么还不进来啊？"

我真是哭笑不得，说："你武汉的都进去了，我上海的就不让进，真是今非昔比啊！"我建议他和法官沟通一下，看看能不能线上开庭？

一会儿，法官打电话过来，问："做了吗？"我说没有，人太多，估计今天排不上。法官说："那就回酒店吧，12点线上开庭。"

原告和被告的代理律师从内地千里迢迢来到南疆，在各自酒店的房间里完成了线上开庭，用时36分钟。

此时上海阴雨纷纷，连日不开，这里艳阳高照，晴空万里，日光在梅雨季节的江南是奢侈品，在这里却是廉价品。既然疫情期间不能外出，沙漠看不见，河流看不见，胡杨林看不见，楼兰姑娘也看不见，那就在酒店门口晒晒太阳吧。晒黑了不要紧的，相当于刷一层免费的防霉涂料，接受大自然的馈赠。

从新疆去成都会不会有限制啊？我战战兢兢地在成都落地，担心是多余的，一路畅通，刚走出机场，就收到一条短信："中国航空经济之都，全国百强区——成都双流欢迎您！"

内心一阵温暖！

法院会不会限制？担心也是多余的。

一路绿灯。不过，法院通知我们是两点开庭，通知对方是三点，于是

 平凡之路

我们一点多点就到了法庭门口,等到三点才开始。庭审是一个助理法官组织的,就是为了质证一份从国安部门调取的证据,不到十分钟就结束了。前面一批批的当事人走了,后面还有一批批的当事人在等待,我们只是流水线上的一个。

在回沪的飞机上,我思考一个问题:科技发达的今天,有些地方还是不具备线上开庭的条件,或者说法官不适应线上开庭的模式,作为律师,应该怎么应对?

我认为,除了积极推动法院线上开庭之外(库尔勒法院不是被成功推动了吗?),保持良好的心态,运用统筹的方法,合理安排时间,至关重要。

这一次出差,来回我用了四天的时间,行程一万二千里,开庭时间,两个案子加起来只有四十几分钟。绝大部分时间几乎都是在候机大厅,飞机上,酒店里,出租车上,法院门口。如果是浑浑噩噩,机械式的赶路,一眨眼就过去了,为了防止光阴虚度和无聊,就要充实你的旅途内容,使出差变得丰富多彩。

比如带上自己喜欢的书,在喧闹的人群中自得其乐;比如思考一些工作繁忙时没有来得及思考的东西;比如你马上要去开庭,可以反复思考还有没有更好的突破口和新颖的思路,这次在新疆开庭时,我发表的新观点就是在飞机上的思考所得,大意是,不能用传统总承包的思维模式审理PPP项目工程,引起法官的极大兴趣。

律师不是高大上的职业,律师职业不仅是一项脑力劳动,也是一项体力劳动。

律师出差和专程旅游是完全不一样的,旅游更多的是身体的劳累,但心情是愉悦的,而出差往往是去打官司,尤其是到一个完全陌生的地方和环境打官司是身心的劳累。你不能预测:路途是否顺利,飞机会不会延误,对方有什么对我们不利的证据,案情如何发展,法官是什么样的性格,好不好沟通,

如何才能不辜负客户，身体会不会出什么毛病，会不会发生无法预料的其他风险，等等，都是需要思考的问题，也是需要面对的问题。

鉴于此，我建议律师朋友们，尽力把出差当作旅游吧。出差工作之余，不忘欣赏美景，不忘品尝美食，才会不负生活，不负自己。

我们常说，不仅要学会工作，更要学会生活。去新疆之前，我做了大量的攻略，准备感受一下"大漠孤烟直，长河落日圆"的美景，准备体验一下"可以看到世界上所有最美风景"的独库公路，可惜因为疫情，计划只能暂时搁浅。但两年前去西藏开庭时，我几乎玩遍了当地最具特色的风景。疫情倒是没有影响我饱尝当地美食的胃口，比如烤全羊，比如酥油茶，比如哈密瓜。

欣赏美景可以暂时忘掉工作，品尝美食可以暂时忘掉烦恼。

对了，差点忘了交代一个插曲，在新疆线上开完庭后的那个周六下午，百无聊赖的我在酒店刚刚入睡不到半小时，法官来电话把我惊醒："张律师，开庭时，你多次提到PPP，什么意思？下次再来开庭给我讲清楚。"

还要开庭啊？求求你，我真的不想有续集啦！

 平凡之路

成都，成都
——我是怎么把法官逗乐的

> 品尝人间百味，体会多样人生。
>
> ——题记

上海的一个台资企业委托我去成都打一个房地产的官司。案子是在去年十月份递交的材料，首先进入诉调程序，调了两个月不成，又进入正式立案程序，就已经是2020年1月份了。

疫情暴发了。案子就搁置了。

我们申请了诉讼保全，法院也一直没有办理，直到2月底的一天，我接到一个成都来的电话："张律师吗？"

"是的。"我说。

"我是成都某某法院，下午来一下法院吧，关于诉讼保全的事情，做一下笔录。"

"我是上海的律师，下午不可能过得去啊，再说，疫情这么严重，我出得了机场吗？进得了法院吗？"我有点急。

"我们不管，你不可能不来吧？案子也要推进啊，要不让当事人请成都的律师吧。"那边更急。

"疫情期间，我们律师拿个案子不容易的，能不能通融一下啊？比如线上开庭。"我开始耐心解释。

"我们法院没有这个设备。"对方直接拒绝。

"这个笔录，能不能通过快递啊？您发给我，我签字寄给您？"我问。

"我请示一下领导吧。"对方就把电话挂了。

后来经过多次沟通，终于通过快递的方式，把笔录的事情解决了。

开庭还是必须要去的。开庭的传票来了，定在六月初，此时疫情已经明显好转，人们的出行和生活基本恢复正常。

成都，其实是我非常想去的地方，心驰神往已久，《成都》这首歌加重了我的这个情结。

走在成都的街头，可以闻到空气中到处弥散着浓郁的麻辣香，还没到吃饭时间，就已经勾起了我的食欲。其实，作为山东人，我是不太能吃辣子的，但是每次出差，必然要搏命地品尝一下当地的美食。无论你的嗜好如何，一定要尝遍人间百味，才不枉来此一遭。

生活也是如此，路途坎坷太多，你必须适应各种颠簸，才可能走得更远，走向平坦大道。

红油抄手，担担面，一口进去，辣味直钻嗓子眼，紧接着就是一阵咳嗽，只把身边的顾客吓得缩身，我赶紧跑出门口使劲咳一通，好了，再吃，没事了！

来成都，第一个景点自然是宽窄巷子。这里名气很大，但我觉得和江南的古镇大同小异，大多数人去了就是为了去照一张相，发个朋友圈，打个卡。真正体现四川特色的，应该是到一家茶楼，边喝茶，边听戏，川剧的变脸是重头戏。那次我坐得离舞台非常近，眼睛瞪大了，一眨不眨地看着那张神秘的脸一张一张地变化，终究还是没有看出一点门道来。

第二个景点应该是武侯祠。这里代表了成都的历史，《三国演义》中蜀国

平凡之路

的各路英雄，几乎都能在这里看到。只是我对于赵云的雕像，百思不得其解，为什么在我们心中是盖世英雄的武将，却穿了一身文官服？这副文弱书生的样子完全颠覆我的想象。百度了一下个中缘故，还是不能接受，那个千军万马中单枪匹马如入无人之境的赵子龙去哪儿啦？

第三个景点是杜甫草堂。去之前顾名思义，自然想到杜甫的诗《茅屋为秋风所破歌》："八月秋高风怒号，卷我屋上三重茅。茅飞渡江洒江郊，高者挂罥长林梢，下者飘转沉塘坳。"想象中，杜甫草堂就是一个破旧的茅屋，飘摇在风雨之中。

极不情愿地来到杜甫草堂，一看，原来是一个公园，而且还是一个不错的公园，竟然觉得比武侯祠更值得一去。这或许是人的一种普遍心理，期望值太高，失望就高，期望值放低，可能会有意想不到的惊喜。

晚上在一家火锅店吃了一次正宗的四川火锅，开始时辣得满头大汗，头发都打湿了，引来不少顾客诧异的目光。后来越吃越香，竟然感觉不到辣了。估计是进入一种超脱的境界，就像我们跑马拉松，开始有一段路程非常痛苦，几乎要放弃了，但是一旦坚持下去，挺住了，后面就轻松多了。

第二天上午开庭，对方代理人是两个年轻的女律师，书记员是小姑娘，法官是个年轻女法官。我和客户的一个小伙子作为原告的代理人，还没开庭就已经感觉到了紧张的气氛。这让我当时强烈地联想到一句话：巾帼不让须眉。

法官让我们明确一下诉讼请求，我把违约金增加了，增加的数额是从立案到开庭当天持续计算的违约金，我认为是合情合理合法的增加。果然，遭到法官的训斥："你们为什么不早一点增加诉讼请求呢？现在开庭了，才提出来，先去缴纳诉讼费！"

我解释了一下上面的理由，法官态度还是很差，我说："这个案子拖延了半年多了，现在才开庭，我增加诉讼请求正是法院拖延导致的。"

法官的火气上来了:"我看你也是一个资深律师了,不承认错误,还振振有词呢!"

"我是资深律师您也能看出来?谢谢法官夸奖!"我平静地说。

书记员扑哧笑出来,赶紧捂住嘴,收住了。

我开始反击:"被告当庭提交证据,而且这么多的证据,法官您应该训诫他们才对啊,毕竟这个案子已经立了好久了,他们还是当地的,不能欺负外地人啊。"

法官就转向被告律师,开始训诫!这个时候我就有时间开始看证据了。

庭审一段时间后休庭,客户去缴纳诉讼费,我去卫生间。

我蹲在卫生间,迟迟结束不了,那个着急啊。不知怎的,自从昨晚吃了火锅,今天一早肚子就开始不舒服,跑了好几次卫生间。

法官明显是等急了,窝着火。当我惴惴不安地进入法庭落座后,没等法官训诫,我主动交代了:"成都的火锅太好吃了,就是太辣!"

这时法官笑了,书记员也笑了,对方律师也笑了!

第二天一早,我们在酒店附近的人民公园走了走,逛了逛,这才发现,其实真正能够代表成都特色的地方,应该是这里。在这里,有专门的茶座,人们可以泡一杯茶,悠闲地坐一天;在这里,人们可以弹弹琴,唱唱戏,聊聊天;在这里,可以躺在藤椅上,让专业师傅掏掏耳朵,打个盹儿。

成都真是一个好地方!

 平凡之路

舌尖上的律师

> 去陌生的地方远行的动力,也许是美食的诱惑。
>
> ——题记

我是律师,我喜欢进厨房,我是吃货。

结婚前,我属于厨房里的菜鸟,什么菜也不会做,一次女朋友给我炒了九个鸡蛋我全部吃掉后惊呆了:她还会做菜!直到女朋友成了老婆,怀孕期间她对于食物的过敏性反应异常强烈,从此厨房就成了我一个人的战场。

也许是基因发挥了作用。我的家族里人人都是厨师级的高手,每次回老家我都不敢插手,其实也是不想让我插手。一年回去不到几次,让我好好歇着,等着享受美食吧。所以经过一段时间的自我摸索后,我的厨艺大有长进,最擅长的是炖鸡和炖排骨,儿子从美国回来隔离期间就发微信说想吃排骨,结束隔离那天我做好了排骨在家里等着他,他狼吞虎咽,我问他:"怎么样?"他说:"就是这个味!"

现在儿子在家上网课,完全颠倒了黑白,我一天只能和他吃一顿晚饭。

那次下午我早早回家,顺路赶集买了排骨,回到家正好赶上儿子刚刚起床,说饿死了,我没来得及换衣服就进了厨房,不久端出来香气四溢的红烧排骨。

第二天，在律师大厦见客户，交谈中，客户嗅了嗅鼻子说："你们律师楼里有厨房吗？"我说："没有啊。""怎么会有烟火气呢？"客户疑惑地说。

我的脸红了：原来昨晚穿着进厨房的衣服，今天没有换洗就穿来了，当然有油腻的味道。被客户调侃为"油腻律师"应该不是丢人的事吧？这是不是"油腻大叔"的另一种解读啊？

但凡喜欢做菜的人，大多都是吃货，美其名曰：美食家。当律师享有"美食家"称号的时候，律师枯燥、辛苦的工作变得丰富多彩起来。

作为一个经常四处奔波的建设工程律师来说，工作之余顺便享受一下当地的美食，应该说是对旅途辛苦的奖赏和犒劳，更确切地说是安慰和报答。

有一年十一月份，我从依然是满目葱郁的上海出发，来到冰天雪地的呼伦贝尔，接待我的当事人着实让我享受了一次羊肉大餐。第一天先吃涮羊肉，当事人说吃羊肉一定要渐入佳境，不能着急。果然与众不同，羊肉片入口即化，没有半点膻味，只有肉香余味无穷。第二天是手扒肉，天然的香味让人无法释筷，只能是大快朵颐，毫无节制，把减肥计划忘到九霄云外去了。最后才是炖羊肉，羊肉已经吃不下，鲜美的羊汤早就把胃装满，只能是眼睁睁地看着，无可奈何，欲罢不能。

呼伦贝尔的羊肉确实名不虚传，但是新疆的烤全羊也不是徒有虚名的。

那年七月我们上海的律师团队去乌鲁木齐分所交流，人家晚上招待的招牌菜就是烤全羊，可是我一点胃口都没有，完全没有体验到其中的乐趣，只有痛苦的记忆。怎么回事？

这得从我们刚刚到新疆说起。我在上海带的一个实习生，家是石河子的，其父母听说我到了新疆，他们开车赶到乌鲁木齐，给我们送去了十几个大西瓜和几大包的馕。早就听人家说过，新疆的西瓜特别甜，但是不能空腹吃，否则容易腹泻。当我们把西瓜运到饭店，服务生帮我们把西瓜打开，端到餐

平凡之路

桌上时，大家一拥而上，我看着各位律师吃着红彤彤甜滋滋的西瓜时，也忍不住了。

我忘乎所以吃西瓜的代价就是：还没吃完午饭，我已经跑了五趟卫生间，晚上的烤全羊自然和我无缘，身体快要虚脱的深夜，我沿着无人的大街，寻着导航去找药店，然后扶着墙回到酒店。

虽然这次感受很不好，但是我和烤全羊的缘分没有中断。去年去库尔勒办案，分所律师请我吃烤全羊，起初我还有点条件反射，战战兢兢，结果一发不可收拾，有一种想吃下一头羊的欲望，最终饱了肚子，没有饱嘴，把没吃完的羊肉打了包，带回酒店当夜宵又吃下。睡梦中胃里翻江倒海，火烧火燎地难受，显然是吃多了！

不能光说羊肉，再说说牛肉吧，这个牛，可不是一般的牛，而是牦牛。

常言道，出门在外，吃饱了不想家。美食是对人在旅途的安慰，可以转移人的视线，满足人的胃口，温暖人的身体，从而减少寂寞和孤独。

那年我初到西藏，从踏上这片神秘的天路开始，高原反应就如影随形，就像头上戴了紧箍咒，不停地折磨人，让我寝食难安。加上对案件走势不确定的忐忑，人在江湖的悲壮感油然而生。

拉萨分所的主任热情招待了我，给我印象最好的美食就是牦牛肉。我以为牦牛生长在高寒的雪域，它强壮的身体不适宜入口。人类是天生的美食家，藏民可以把牦牛肉做到极致。那是一小盘切成薄片的牦牛肉，肉已烂熟，但很筋道，纹路清晰，但不塞牙，香味醇厚，余味绕舌，久久不去。小酌一杯青稞酒，欣赏着藏民热情的歌舞，高原反应和异域的陌生感顿时烟消云散。

吃饱了才有气力工作，才能进行战斗，案件尽管几经周折，但是经过我们有理有据有节的抗争，最后取得不错的结果。我站在布达拉宫，极目拉萨城，吟一句："世间安得两全法，不负如来不负卿。"其实内心感谢牛肉，感谢朋友。

前面讲过我在成都开庭期间，作为不习惯吃辣子的山东人吃火锅后的反应，以及开庭期间多次跑厕所的尴尬情节。有读者留言，教我怎么解决呛辣子后跑肚的问题，说喝酸奶可以缓解，果然再去成都吃辣子时，我买了酸奶，这下好多了，后来有人推荐藿香正气水，说很灵，还没来得及尝试，案子就结束了。

同样是辣子，四川的辣子开始吃感觉很辣，吃着吃着就没有感觉了，因为舌头已经被麻翻，只能感觉到火锅的香味，于是就上了瘾，下次还想吃。而江西的辣子，可就不一样了。

我在江西宜春有过一系列的案子，着实见识了江西的"辣道"。我最喜欢点那个粉丝包菜，里面有粉丝，有包菜，有鸡蛋，有辣椒，色香味俱全，然而吃起来，可就出洋相了。开始吃着辣，而且越吃越辣，感觉嘴唇都肿了，一直辣到耳朵根，满头大汗淋漓，用了一包餐巾纸还是不够擦汗，头发已经湿透，像是刚在水里扎了一个猛子才露出水面，没来得及擦身子就下了饭馆，频频引来当地人先是好奇后是同情的目光。不过下次再去，还会点这个菜，可能律师就是这么执着吧。

我虽然出差去过很多地方，享受过很多美食，但我很少发美食的朋友圈，我对于有些人天天发美食的照片很有意见。为什么？

不是因为担心客户看了，会叫你吃货，唯恐你不好好工作，也不是担心有人说你品位这么低，天天晒美食，离不开吃。

你就这样想想吧：当你戴着口罩在机场候机，飞机还延误了，不敢吃东西时；当你辗转奔波在高铁上饥肠辘辘时；当你初来乍到一个陌生的地方，找不到一个小吃部，方圆三千米连超市也没有找到时；当你还在单位加班到深夜时，你打开手机，看到的是我发的诱人的美食九宫格，什么呼伦贝尔的手扒肉，什么新疆的烤全羊，什么成都的串串香，什么江西的粉丝包菜，还有更多我

 平凡之路

没有提到的全国各地的美食，你会作何感想啊？纯粹就是拉仇恨啊！

刚刚过去的冬至，我发了一个关于水饺的朋友圈，引来不少的同情。其实，作为山东人，包水饺应该是拿手好戏，可是一个巴掌拍不响，需要合作才行。因为太太在外地工作，所以冬至我和儿子只能点外卖，仪式感应该要有的（她连这个仪式也没有举办）。其实我们家经常包水饺，而且分工明确，配合默契。我负责调制馅子，太太负责和面，她擀皮子，我包饺子，我煮饺子，她收拾桌子，不到一个小时，香喷喷的饺子就上桌了。我们各有各的拿手绝活，离开谁都不行，我不会和面和擀皮，但调制馅子绝对是我的专利。

太太元旦放假回来，我们决定把冬至的水饺补上，是鲅鱼馅的饺子。

做鲅鱼水饺绝对是一个技术活，不是人人都会的，我是跟着胶东人学会的。先是把鱼刺剔掉，把鱼皮剥掉，然后剁细，和五花肉掺和，打上两个鸡蛋，葱姜末花椒面撒上，浇上老家带来的上好的花生油，馅子就调好了。

经过两个人的一番加工，饺子煮熟，捞出来，热腾腾地上桌。

"儿子，吃饭了！"我自豪地大声喊道。

太太和儿子开始吃，我哼着小曲继续煮下一锅。

"张——刚——"太太大声喊我。

我一惊，猛回头。

"饺子没有放盐！"太太说。

第四部分　职业人生：一路风雨一路歌

开庭和爬山，我们都是认真的

> 工作和学习之外，不要辜负生活。
>
> ——题记

狼狈的法院开庭

宜春中院的开庭传票来了，定在周五，我于是产生了带着儿子一起出差的想法，开完庭正好是周末，顺道爬一下三清山。他这一年多一直在家里上网课，黑白颠倒，完全错乱了时差，人的精神也快错乱了，这不课程刚好结束，可以出去透透气。

来到宜春，我依然选择在法院斜对面不远的酒店住下，安顿好，已是华灯初上。雨不间断地下着，哪里也去不了，只好在酒店宅着，去法院的路线不需要踩点，已经轻车熟路，第二天九点开庭，八点半出发绰绰有余。

第二天八点半，我西装革履地背着沉重的案卷，带着儿子出了酒店。可是拐个弯过马路时遇到了麻烦：大面积修路，路被封了！法院近在咫尺，就是过不去。

我开始以为，法院就在对面，怎么也得有个通道啊！其实不然，我们绕了几个小道，都是不通的，进入一个小区问保安人员，回复说过不去，

 平凡之路

只能再往前。我以为前面路口不远,可是走着走着,感觉南辕北辙了,我们需要绕一个大大的长方形,还不能确定多长的路程,打车吧,小路上根本没有出租车。

我向来是提前到达法院的,确保开庭的从容与优雅。这次要尴尬了,时间在一分一秒中过去,我们不敢停留,只能硬着头皮加快步伐往前走。头发已经被汗打湿,衬衣的汗水渗出来,我边走边脱掉西装外套,顾不得擦汗。

我们在八点五十分进入法院,去了一下卫生间,赶到法庭还差五分钟到九点。

开庭两个小时,其间我的汗水一直在流,非常狼狈,以至于旁听席上一个一直擦汗的胖女人(对方人员)看到我的样子,仿佛找到了知音,一直捂着嘴看着我笑,岂不知我流汗的主要缘由和她完全不同。我是因为急速赶路引起的血液急速流动与开庭时激烈的大脑运转带来的热血沸腾无缝衔接而导致出汗。

走出法院时,儿子摸了摸我的背,说:"干了。"

悠闲的登山旅游

三清山是一座道教名山,因三座主峰似下凡三清神仙而得名,风景秀丽,云雾缭绕,仙气十足。我十几次来往于宜春与上海的高铁上,每每路过上饶站就心驰神往,这次终于如愿。

要想登上一座海拔1800多米的高山,不是一件轻松的事情。下了缆车,还要走很长的路,要爬很高的台阶,还未走多远,我已经气喘吁吁,两股战战。我知道那是长途旅行中最艰难的时刻,如同长跑,一开始跑得急很难受,几乎想要放弃,但是坚持适应一段时间就好了。

我们坚持着一个台阶一个台阶地攀登，但是有人不再坚持。两个身材臃肿的夫妻分别爬上了二人抬的竹椅制作的轿子，四个汉子艰难地抬着轿子向上吃力地挪步，大概不久夫妻俩就睡着了。你想啊，他们躺在上面，看到的都是天空，看不见其他的风景，肯定很无聊，干脆就闭上眼。

我们超越他们，把他们远远地甩在后面。艰难地战胜身体极限的时刻，站在山顶的栈道上，我们的心情是舒畅的，步伐是悠闲的。听导游说，三清山一年里有两百多天是大雾漫天，看不清风景的，今天我们运气还不错。我们穿过西海岸蜿蜒的栈道，来到三清山最高点——玉京峰景区时，眼前豁然开朗。

我们面前仿佛呈现了一幕 3D 大片，远处的天空云蒸霞蔚，云海笼罩下的峡谷若隐若现。近处的山峰层峦叠嶂，宛若诸仙竞秀，偶有一块岩石如得道的仙人指点江山，偶有一棵奇松像张扬的舞者亭亭玉立。

很多游客激动地大声叫喊，这是一般人在美丽的大自然面前的本能反应。我听李姐说过，她的一个朋友去沙漠旅游，看到日落后的风景如此优美，不知道如何表达激动的心情，竟然学狗叫，连叫了三下，就哭了。我们也喊了几嗓子，但是我觉得不能只是叫喊，要表达一点什么。传说，当年周仓随关羽渡江单刀赴会时，站在船上，看到滔滔江水，他激动得不知道怎么表达才好，憋了半天，大声说："好水啊！"

我不能大声喊："好山啊！"就完事了，我决定写首诗以表达我的心情。唯有写诗的时候，才发现自己词汇的贫乏，我绞尽脑汁也想不出来。

我们在三清宫看到一个学生家长在请香。她和一位"仙姑"在许愿，大概是她儿子今年参加高考，希望能考上好的大学云云，"仙姑"在耐心地布道。反正我们也听不懂，于是找到一处清净地休整。

平凡之路

我和儿子聊了个话题：成功是主要靠个人的努力，还是外力的帮助？我们谈到我们的平凡之路，谈到退缩与坚持，谈到奋斗与安逸，谈到机遇与环境，谈到个人与群体及社会的关系等。

于是，我想好了四句诗：途中问道三清山，虚无缥缈云海间。纵使老君下凡来，时光蹉跎亦枉然。

我做事向来喜欢简洁、简单和直白，不喜欢烦琐、复杂和玄虚。作诗也是，我喜欢五言，不太喜欢七言，于是试着把每句前两个字去掉，感觉意境并未弱化，取名《问仙》：

问道三清山，缥缈云海间。老君下凡来，蹉跎亦枉然。

轻松的疫苗注射

在回程的高铁上，我收到一条短信：请尽快在6月9日前完成第一针疫苗的注射！我的心立刻紧绷起来。

我迟迟没有注射疫苗，一是因为出差或开庭经常错过单位和社区组织的疫苗注射活动，二是一直想和儿子一起打。儿子学校通知今年暑假后开学取消线上课程，也就是说他必须出国。学校还要求，他们只认可中国北京生物的疫苗，而我们单位和社区打的大多是科兴的，所以没有找到合适的机会。

现在紧急通知来了，怎么办？时间不多了，接下来几天我也很忙，上哪里找北京生物的疫苗啊？这个国家也真是奇怪，不同的学校认可不同的疫苗，有的还点名认可科兴的疫苗，法律在他们国家不一样也就不足为怪了，法律是人制定的，可以不同，但是疫苗可是医疗产品啊，怎么会有不同的认定标准呢？

我和儿子纠结了一路，没有想到好的办法。

终点站到了，我一瘸一拐地走出虹桥火车站的检票口，还没分清方向，就听儿子喊："爸爸，那边有打疫苗的，我们去看看吧！"

高铁接种点的医护人员在热情地招呼大家。我急切地问："什么牌子？""北京生物。"

我们马上扫描注册填表，不到五分钟，注射完毕！只要拿身份证，不论哪里来的旅客，都可以免费注射，这服务和效率没得说。我们打完疫苗进入观察室，简直不太相信，以为还在做梦呢！真是"踏破铁鞋无觅处，得来全不费功夫"。我对儿子开玩笑说："难道和我们在三清山拜了拜太上老君有关？"

半小时观察结束后，我们准备离开，医护人员关切地问："你们有什么反应吗？"

我站起来，身体有点摇晃，说："坏了！有反应！"

"怎么了？哪里不舒服啊？"医护人员急忙问。

"腿疼！"我笑着说。

 平凡之路

致儿子的信：我带你去开庭就是为了让你看看什么是正义

> 教育孩子最好的方式之一，就是现身说法。
>
> ——题记

我偷偷地帮助农民工取证

明知山有虎，偏向虎山行。2021年8月，学校通知必须返校上课！

秋风起，秋雨下。我和你妈送你去机场的路上，沉重的空气里突然传来你播放的音频，那是你姑姑深情的祝福歌，我的眼里立刻布满了泪花。在安检口，你潇洒地离去，留下一地的担忧和牵挂。

换了四次飞机，经过三十六个小时，终于等到你发来的微信："爸爸，我到萨拉索塔了！"悬着的心终于放下。放心只是暂时的，在全世界疫情最严重的地区，祝福和牵挂直到你凯旋。

你不是有钱人家的孩子，我们努力拼搏挣钱供你留学海外，是因为你从小适应不了国内的教育。还记得小学我陪你去上奥数课吗？你听不懂急得大哭，我也听不懂，感到无地自容，回到家我生气地把课本扔到垃圾箱里，你破涕为笑。从小学到初中，你从来没有考过高分，从来都是被留到课后等待

家长领走的那一个，高中也考不上。我们咬咬牙只好送你进了国际学校，否则你就是现代文明的文盲，早早辍学，无路可走。

谁曾想，你大学的成绩竟然是所有教育经历中获得成绩的顶峰，我们经常看到的是 A，我们知道那是你天天在图书馆熬夜得来的。你知道我的最好成绩是在什么时候取得的吗？高三。考上大学，就等于解放了，每次期终考试的奋斗目标就是及格。

你不能与身边的同学攀比，你不一样，你是农民的孩子，一定要勤俭节约，艰苦朴素，不能丢了我们张家世代的优良传统。当然，我也是。

你以为我在疫情期间驾车去宣城和包工头打官司，就是与农民工作对吗？不是。那个包工头是一个贪心的人，是一个黑心的人，他拿了我们承包人给他的工程款，塞进自己腰包，却不给农民工发放工资，导致农民工纷纷起诉我们承包人。我在全力维护当事人合法利益的前提下，也是非常同情这些农民工的。

那次庭审中，包工头找来很多农民工当证人，证明那些被水泡的涂料工程是他们干的，可是他拖欠着农民工的工资，农民工又不敢得罪他，只好帮他出庭作证。你肯定会问："你怎么帮这些农民工的？他们可是站在你的对立面啊！"

好的，你看看下面我是怎么帮他们的。在对证人发问的环节，我问了农民工三个问题：

1. 你怎么证明这些活是你干的？有合同吗？

农民工答："没有合同，都是口头的。"

2. 这个包工头和你结算了吗？应付工资是多少啊？

农民工答："没有结算，也是口头的，应该是 87654 元。"

3. 他已经支付你多少工资啊？

农民工答："一分也没有。"

平凡之路

我就问包工头一个问题：他说的话属实吗？

包工头想也没想就回答：属实。

好了，我完成了对农民工的救赎，你肯定会问："对你的客户怎么交代啊？"我以工程在交付前灭失应由包工头承担风险为由进行抗辩，并主张农民工与我们总包单位不存在合同关系，法官应该不会不同意我的观点。

开庭结束后，我同那些农民工打过照面，看到他们脸上敌视的表情，我就想：当你们讨要工资时，一定要请一个好律师，就可以拿到我今天为你们制作的证据，那时就该为你们今天对我的态度而感到愧疚！

你见证了那个案子的正义

你在家上网课的一年里，我很想多带你去参加开庭，可是你晚上上课，白天睡觉，完全颠倒了黑夜和白天，根本没有时间和精力。终于我有一次带你去宜春开庭，开完庭我们去爬了三清山，你知道我为什么非要带你去开庭吗？我就是为了让你看看什么是正义。

一审的时候我遇到一个任性的法官。我代理一个分包，告了总包和业主，让他们支付拖欠的工程款，因为总包拖欠工程款，业主另找了施工单位，分包只好中途退场，合同解除，双方进行了结算。这个案子本来事实清楚，证据充分，没有多少难度，然而有些人就喜欢把简单的事情复杂化。我再三解释，在我反复提交法律意见后，并且特意说明自己是做了十几年的建设工程案件，他还不屑一顾地说："我还做了十几年的法官呢！"结果一审判决：在分包向业主提交附件中列明的竣工验收资料后十日内，业主向分包支付拖欠的工程款。说明一下，判决书附件《钢结构工程竣工验收资料目录》和《钢结构技术资料目录》中的资料是从《钢结构工程施工质量验收规范》中摘出来的，洋洋洒洒共有47项，即使分包做完了全部工程，即使分包参与了竣工验收，也拿不出这么多的资料，何况没做完呢！也就是说，这个官司看似打赢了，但因为苛刻的前置条件无法完成，分包永远也拿不到工程款。

我的委托人欲哭无泪，幸好他依然信任我，继续委托我上诉。二审开庭那天，我决定带你去旁听，因为我有信心改判这个案件，我相信正义不会缺席。所以你见证了老爹在法庭上的据理力争，所以那天我大汗淋漓，还有一个原因就是我内心激动，我想努力表现，让你看到律师应该有的样子。

结果在你出国前几天，二审判决下来了，改判了，我们胜诉了！我们爷俩为此还喝了几杯。趁着酒兴，我给法官狠狠地发了一个短信："早知如此，何必当初！"

坚持正义，我让很多人不爽

我这人就是性情中人，山东人的耿直暴露无遗。这也是你妈妈和我吵架的主要原因，正如她说的："太直！太正！死心眼！"

是的，为此我经常让很多人不爽。最近在一次评标会议上，结束后客户问我："打官司找关系有用吗？"我直截了当地说："没有用，我做律师16年来从来没有找过关系，案子照样可以赢啊。"在场的一个评委律师公然表示异议，我说："我代理过全国各地的大案要案，包括西藏、新疆、贵州等偏远地区，目前除了甘肃和黑龙江没有案子，其他地方我都去过，从来没有找过关系，该赢的都赢了，怎么解释？"他说："那是你运气好！"

我现场讲了一个真实案例：我代理一个执行案件，主办法官是执行庭的庭长，我和他主要的沟通方式就是书面，表达我的诉求和法律意见。有一次我给他打电话，打了十几个也不接，连续几天都是这样，后来他好像终于受不了了。电话接通，他大发雷霆，态度恶劣，罗列了我不去见他，不请他喝酒吃饭，不给他送礼等几大罪状。我义正词严地和他翻脸，毫不犹豫地写信投诉，

 平凡之路

后来我再联系他时，就联系不上了。后来我在当地纪委监察委网站上看到一则新闻：某某法院执行庭庭长某某某因严重违纪违法，被开除党籍，开除公职，将其涉嫌犯罪问题移送检察机关依法审查起诉！当然他出事与我的投诉无关，纯属巧合！我可以心安理得地睡大觉，就不知道有多少人无眠了！

我回到家就把我2018年发表的文章《做专业律师还是关系律师》发给了客户，进行了善意提醒。我还是那个耿直的律师，依然坚持我的立场，不管别人怎么质疑。

我试图寻找正义者的接班人

我和你妈试探了你好几次，想让你以后改行做律师，好像你表现出对律师不感兴趣的样子。难道是因为你经常看到我凌晨出发赶飞机，半夜疲惫地回到家吗？难道是因为你经常听到我无休止地打电话，有时还气急败坏地发脾气吗？难道是因为你经常看见我耳鸣复发不停地挤压耳道烦躁的样子吗？因为近距离观察，你看到了做律师的辛苦，因为亲身经历，你体会到做律师的难处。你没看到我发朋友圈吗？都是美好的东西，美景、美食常见，乐观、乐趣常在。所以很多人认为，做律师很潇洒。

那天你见证了我最小的读者的诞生，我给你看了我们的微信聊天记录。

读者："张律师你好！前些日子加了微信，没有时间交流，那是因为忙着小升初的考试，现在您有时间吗？"

我："你好！你孩子考得怎么样啊？"

读者："是我考试！"

我："啊，你是小学生吗？"

读者："是的，我在书店看到一本书《律师之道》，翻了翻，立刻吸引了我，我狠狠心咬咬牙省吃俭用买下这本书。课余时间我就看，我超喜欢，这本书

给我很大的力量，我决定长大后当一名律师，像你一样优秀的律师。我知道做律师很辛苦，我有心理准备，我看了你的朋友圈，你的同仁英年早逝，我不怕，不能动摇当律师的决心。"

我："你太可爱了，这么小就有自己的梦想，为了鼓励你，我送你一本《平凡之路》，给我地址邮寄给你，有签名，好好学习，为梦想奋斗吧！"

读者："太感谢您了！"

我把聊天记录拿给你看，我说这是我目前遇到的最小的读者，人家就想当律师，你为什么不呢？我们家上推几代也没有出现过艺术家，你怎么就喜欢了动画制作？我和你妈奋斗半生，终于在律师界有了点业绩，希望有人来继承下去，我们看到那些律师之家，不知道有多羡慕呢！

周六那天早晨，我趁着天气预报警示了很久的"烟花"台风还未到达，一早冒雨去菜市场买菜，回来时几乎湿透了衣服。听听你和妈妈还未起床，我不敢换衣服就去打扫卫生，轻轻地拖地，汗水和雨水滴滴答答。这个时候，我突然冒出念头：如果我有个小女儿，该多好啊！她肯定会殷勤地过来给我擦汗，嘴里甜甜地叫着爸爸！我可以把她培养成律师……

我正陷入幻想中，隐约听到一个声音："爸爸，擦擦汗吧！"我以为出现了幻觉，回头见你拿着毛巾站在那里，你妈妈拿着我的衣服站在后面，微笑着说："换件衣服吧！"

你们当时肯定没看见吧？我脸上的汗水和雨水的流量增多了，因为不争气的泪水也来凑热闹。

 平凡之路

律师问道昆仑山

> 我愿意做一块普通的石头,铺在平凡的路上,接受生活的锤炼。
> ——题记

深入万山之祖

客户委托我们律师团队做一个工程项目的尽职调查业务,项目所在地是格尔木。当我们到达格尔木时,发了一个朋友圈,留下定位显示:青海省海西蒙古族藏族自治州。有朋友问:"你在西藏吗?不对,在内蒙古?"不对,我告诉他我在青海。格尔木是蒙古语音译,意为"河流密集的地方",位于西藏、新疆、青海和甘肃四省交界处。

我们用周五一整天的时间,通过三个人的分工合作,马不停蹄,密切配合,顺利完成尽调任务。周末两天就是考察当地风土人情的最佳时间,这是我们做律师的独特福利,平时没有时间和机会去的地方,因为工作的缘故,既然千里迢迢风尘仆仆来了,那就顺便把出差当作旅游吧!

我们在当地租了一辆SUV,出发前做了分工:助理小吴负责后勤保障,管吃管喝,被任命为"后勤部长";助理小曹负责路线导航,还有拍照,被任命为"交通部长",我呢?当司机。

我们沿着青藏公路向南,目的地是昆仑山口。

走出格尔木市不远,就能看到起起伏伏,延绵不断的山峦,走着走着突然看到公路两旁矗立着两块石碑,停车去看,一边写着"巍巍昆仑",一边写着"万山之祖"。

原来我们已经进入昆仑山脉。一个问题一直困扰着我,为什么昆仑山被称为"万山之祖""中华龙脉"?这里如此荒凉,没有草木繁盛,没有鸟语花香,没有人声鼎沸。

若论高度,昆仑山的最高峰公格尔峰海拔7649米,喜马拉雅山的最高峰珠穆朗玛峰海拔是8844米,它比不上后者;论面积,昆仑山占地面积有50多万平方千米,喜马拉雅山占地80多万平方千米,它还是比不上后者。论壮丽不及泰山,论秀美不及黄山,论险峻不及华山,论奇秀不及庐山,论香火不及五台山。

我们带着疑问,继续前行。

繁忙的青藏公路与道路两旁的戈壁荒漠形成鲜明的对照。迎面而来的大货车急速而过,一辆接着一辆,一看就知道是长途奔波的远客,而两边是一望无际的无人区,连一只鸟都难得一见,偶尔看见路旁有养路工人的身影,他们在默默地捡着垃圾,让人肃然起敬。

路边停车小憩时,我们遇到一个妇女。她沿着路边踽踽独行,五步一个长头,全身匍匐在地,不远处跟着一辆马车,驾车的可能是她的丈夫。我们问她从哪里来,她说从西宁来。我们问她去哪里,她说去拉萨。我们查了一下地图,惊呆了,西宁到格尔木有800多千米,格尔木到拉萨还有1200多千米,其他问题我们没有问:走了几天啦?还需要几天能到?这样做是为了什么?

拉萨,是很多人朝圣的目的地,我也去过,不是朝圣,是为了工作。从某种意义上来说,也是一种朝圣,人生的旅程不就是一种朝圣吗?每个人都

平凡之路

有每个人的活法,没有好坏之分,没有贵贱之别,每个人都有每个人活着的意义,可能相互难以理解,但是必须尊重这种信念和信仰。

  我们一路沉默,直到过了一个山口,眼前豁然开朗,呈现在我们眼前的是一片银色的世界,前面出现了一座雪山:玉珠峰!据传说,玉珠峰与不远处的玉虚峰是姊妹峰,是玉皇大帝的两个女儿。她们常年白雪皑皑,亭亭玉立,此时夕阳照在山巅的雪峰,雪峰散发出金光、银光、红光,真如一个美女的脸庞,白里透红与众不同。

  雪山看着很近,走起来却很远,一是因为广袤的大地造成的视觉错误,二是因为道路不是笔直的,不是平坦的。尼采说过:"一切美好的事物,都是曲折地接近自己的目标,一切笔直都是骗人的。"确实如此,我们耐心地行路,细细地欣赏,慢慢地琢磨。

问道三江之源

刚才提到传说，我们了解到不远处有一个景点叫瑶池，传说是西王母居住的地方，蟠桃盛会的神话传说源于此地。再查资料，原来中国古代的神话传说很多出自昆仑山，比如女娲补天、精卫填海、白娘子盗仙草、元始天尊修道、姜子牙修炼等。这样看来，昆仑山竟是华夏文明的摇篮，中国古文化的发源地。

我又不明白了：为什么这里有着如此多的神话传说？

大概因为这里的神秘吧！绵延2500千米的山脉，从飞机上看黑压压一片，连绵不绝，没有一点绿色，没有一点烟火，没有一点生机。"此中有真意，欲辩已忘言。"

大概是因为这里的广袤和无垠吧！在这里，只有具备足够耐心的人，才能承受长途旅行的寂寞。公路在戈壁滩里延伸，一会儿是笔直的大路，任意驰骋；一会儿是蜿蜒崎岖的山路，惊险不断；一会儿是高低起伏的U型公路。远远地看到对面来了一辆车，却久久地消失在沟壑里，正要怀疑难道是自己刚才看花了眼，它却突然出现在眼前，仿佛从地里冒出来似的。

大概是因为这里的古老和原始吧！山的表面大多不是坚硬的岩石，而是砾石，看着并不陡峭，你总想跃跃欲试，但它不容许你去爬，因为容易摔跤打滑，风险极大，所以山上没有路，也就没有人爬山。更多的是戈壁滩，长时间的风化和侵蚀，导致这里处处都是魔鬼城，每一步都是一道靓丽的风景线，总是让人忍不住停车驻足。人走在里面，就会消失在大地里，人登到高处，就会消失在天空中。你可以大声地喊叫，甚至歇斯底里，没有人理你，你可以发挥无穷的想象力，想象力可以跨越上下千年，纵横万里。

在无垠的大自然面前，人太渺小了！浩瀚的宇宙中，个人可以忽略不计！

 平凡之路

历史长河中,一个人的一生小如微尘。这样想想,在工作中,即使我们有点成绩,即使升到一定职位,也千万不能膨胀,要始终保持一种谦虚、低调、平和的心态,始终保持一种谨慎、内敛、敬畏的状态。

在"万径人踪灭"的荒野里,人太孤独了!但我并不觉得孤独,我站在小丘上,美景尽收眼底,视野所及,万事万物皆是我的朋友,我为它们歌唱,与它们共舞,甚至狂欢。在大都市里生活,我喜欢一个人独处,看书,喝茶,静思,写作,是一种享受。但我并不排斥聚会,尤其喜欢与朋友们一起出游,聊天,也愿意和青年律师分享我的经验心得。群居毕竟短暂,大家都是匆匆的过客,独处才是常态,人必须学会忍受孤独。我在这里真正理解了泰戈尔的名言:"孤独是一个人的狂欢,狂欢是一群人的孤独。"

在日落之前,我们赶到了昆仑山口,这里海拔4768米,小吴早就开始高反,她匆匆拍了几张照片就钻到车里不动了。我和小曹体验着高反,享受着眼前的景色。我虽然去过西藏很多次,对高反早就有了心理准备,但是仍然无法把握和控制,我犹如喝醉了酒一样,飘飘欲仙,头重脚轻,头痛欲裂,让我想起孙悟空在蟠桃盛会上喝醉了酒在天宫神游的样子。

路边两个标志性的牌子牵动了我们的神经,一个是三江源风景区,一个是可可西里自然保护区。可可西里是在我的脑细胞里存储已久的神秘之地,那里生存着一种高贵的动物藏羚羊,那里上演过盗猎者与保护者斗争的可歌可泣的故事。三江源,是长江、黄河与澜沧江的发源地,长江的源头之一沱沱河就在不远处。

我猛然醒悟,为什么这里是华夏文明的发源地。我好像找到了真正的答案,原来这里是生命之源。

长江从这里的雪山开始旅行,一路浩荡东去,滋润了四川盆地,哺育了江汉平原,造就了崇明岛,奔流入海,"雄浑壮阔七千里,通络润滋亿万家"。

黄河、澜沧江亦是如此。那奔流不息的看似是江河水，其实是母亲的乳汁，她源源不断地无私地哺育着中华大地，才有中华民族的生生不息。

昆仑山的道教文化浓厚，道教是中国土生土长的宗教，道教的理论基础源于老子的道家学派。这次旅行，让我们深深体会到了"道"的无处不在。

《封神演义》描述昆仑山是元始天尊的道场，《历代神仙通鉴》说："元者，本也。始者，初也，先天之气也。"认为元始是最初的本源，为一切神仙之上，故称"天尊"。老子说："天下万物生于有，有生于无。"又说："道可道，非常道。名可名，非常名。无名天地之始，有名万物之母。"归根结底，无才是世界真正的本原。身处无垠的戈壁滩，放眼望去，天地之间什么都没有，仿佛连自己都消失了。所以就没有名，没有利，没有争，没有喧哗。

《道德经》推崇的"无极"，是指无边际，无穷尽，无限，无终，是一种原始状态。无极即是道的终极性。我们一路看到的其实就是这种状态，这样看来，这就是一种大美，美得没有极限，让人无法呼吸，让人忘乎所以，如痴如醉。

"人法地，地法天，天法道，道法自然。"讲的是天地之大，各行其道，人要尊重自然规律。比如藏羚羊在无人的高寒地区生活，远离人群，本来双方各不相干，但是因为人类的贪心，非要去侵害它们，就必然会遭到惩罚。

道家说，一阴一阳之谓道。我们开车行驶在青藏公路上，从纳赤台到西大滩一段，你明显可以看到一个令人惊讶的现象：路的一侧是雪山，白茫茫一片，山顶像披上了一层哈达。路的另一侧是荒山，光秃秃一片，仔细看，表层是枯黄的草甸，像是盖了一层棉被，不过颜色是黯淡的，偶尔会有洁白的云朵，像雪莲花开在山脊上。我们好奇于两座山相隔不远，却有完全不同的风貌，一白一黑，一明一暗，一阴一阳。

"道生一，一生二，二生三，三生万物。"虽然此处的数字不是具体的，

平凡之路

但是具体数字也有其中的道理。无论做什么事情，一个人的力量总是有限的。比如到如此寂寥的荒漠地带旅游，独自一人肯定是不行的，一个人的力量太单薄，遇到困难没有帮手只能让人绝望。

身陷戈壁荒滩

第二天下午，我们从东台吉乃尔湖回程的时候，路过小柴旦湖，她的美丽诱惑我们走进"陷阱"，这个意想不到的事故差点给我们带来巨大灾难。

静静的小柴旦湖像是一块硕大的翡翠，又像是一片蔚蓝色的天空落到地上，平铺在柴达木盆地里。她一尘不染，像一个美丽高洁的少女，引诱我们靠近她，观赏她，完全忘却了正在靠近地平线的太阳。

车子绕了好大的弯，终于找到一个入口，其实不是真正的路，而是野路。我的助理在前方经过一番实地探路，大喊着我可以开过去，因为有很多车辙，显然是驴友留下的痕迹。尽管马路离湖边看着很近，但是走起来却很远。因为是下坡，车子摇摇晃晃地来到湖边，总体来说还比较顺利。

我们从冰冷的湖水里捡了好多美丽的石头，口袋里装不下了，只好忍痛割爱，完全忘记了归途。太阳快要落山了，我们不能在此流连，于是启动车子往回赶。

往往人在陶醉和忘情的时刻，危险也就悄悄来临，我们也遇到了大麻烦。

我们的车子沿着来时的路爬坡，几次都是失败。我们确实没有任何开车走戈壁滩的经验，只是带着一腔热血而来。

失败一是因为路面都是被车子碾过的沙土，厚厚的软软的，轮子几次陷进去，退回来容易上去难；二是我们的车子是两驱的，两个轮子转，两个轮子不转，动力不足，不适合走戈壁滩和沙漠；三是走路边的戈壁滩，更是危险，戈壁滩表面看着很硬，其实非常脆弱，轮子一转就陷进去。我们只能分头去找石头垫在轮子底下，因为戈壁滩的石头不大，一压就钻进土里去，费了好大的劲才能爬出来。

我不停地冲上去，又不停地被迫退回来，一次次收获的都是绝望。

我们陷入两难境地：叫救援呢，小柴旦离格尔木有大约两百多千米，即便找到同意来救援的，来到小柴旦湖也需要三个多小时，那时天色大黑，也不一定能找到我们。就地过夜，等到天亮想办法呢，深秋的戈壁气温非常低，零下十度左右，我们穿的衣服也不多，身体肯定受不了，车里的油也不够一晚的燃烧。

此时，红红的夕阳将要沉到湖下，把湖面染得像刚从火山口冒出来的岩浆一样，与天上的霞光连成一片，小柴旦本是深蓝的，天空本是蔚蓝的，我们实在分不清哪是蓝天，哪是湖面。

我决定再试一次！大概这是第十一次了！

我们先是分头找了些石子，扔在路上的沙土里，就像扔到了湖水里，转眼就看不见了。其中一块石头我摸着手感不错，顺手装进我的兜里，同时祈祷它祝我好运，现在这块石头就放在我办公桌上。

我启动了车子，加大了马力，两个助理紧张得张大了嘴巴，在一旁给我加油。无奈，车子在行进最困难的地方还是停下了，轮子就在原地打转，不肯前进。我情急之下冒险稍稍向路边打了一下方向盘（打多了就会掉进坑里），奇迹出现了，车子前进了，我死死踩住油门不放，经过奋力挣扎，车子终于爬上了大坡！

回程的路上，我拿出那块石头来看，灰色的色调中透着白色的纹理，其貌不扬，毫无华彩，毕竟它不是金，不是玉，不是宝石。但是这块石头拿在手里，有一种沉甸甸的厚重感，细细欣赏，发现它外形虽不规则却周身光滑，发着亮光，好像一层包浆，那好像是岁月的年轮。我在想：这块石头不知经历

 平凡之路

了几千年,甚至几万年的岁月洗礼,不知忍受多少孤独和冷漠,接受风吹日晒,雨雪冲刷,寒暑交加,砂石摩擦,才打磨成如此样貌啊!

当我们从长江的源头回到长江入海口,当飞机盘旋在浦东国际机场上空时,上海已是灯火通明的不夜城。从高处看,这个世界大都市车水马龙,一片繁华,生活在其中的熙熙攘攘的人们在上演着形形色色的故事。

后　记

那天中国法制出版社的编辑主任赵宏问我:"我们准备将你的《平凡之路》再版发行,可不可以?"我秒回:"当然可以!"因为我早有这个念头。于是我花了三个月的业余时间,向出版社交稿。然后回过头来思考几个问题。

为什么第二版要作出如此大的改动?

第一版的后半部分内容是自己那些年做的一些案件。其中有无法解决的疑难案件和困惑,当初带着为民请命的使命感,为他们呐喊;有为弱势群体提供法律援助的内容,比如法律文书,为全国各地还在维权的毕业生提供一些法律文本和诉讼思路,给迷茫的他们指点一二。时过境迁,计划经济时代的毕业生分配政策已经不复存在,我的使命已经完成,那些法律文书没有继续存在的必要性。随着时间的推移和内心的成熟,后来明白了一些道理:法律不是万能的,不要试图通过律师解决所有问题。

于是忍痛割爱,大刀阔斧,砍掉了一多半内容,保留了那些奋斗的历程,又增加了一些当初遗漏的现在看来是比较重要的故事。

改动最大的就是重新替换的"律途心语"和"一路风雨一路歌"这两部分。如果说前半部分是按照时间顺序书写人生历程的话,后半部分就是按照主题分类,以散文体的形式讲述律师故事、执业心得、律师生活等反映律师的人生状态和人生思考的内容。其实也有一些线索在里面,不是杂乱无章的,而

 平凡之路

是做了精心安排。

人生的道路是摸着石头过河,还是命中注定?

有的人出身就是大富大贵,父母早就为他安排好了前途,自然比别人的起跑线远远靠前,可能一生一帆风顺,衣食无忧,是他的造化。其中不乏优秀的人,但更多的是应了那句谚语"富不过三代",典型的代表比如贾宝玉,此种理由无须赘述。

芸芸众生基本上都是摸着石头过河,一步一个脚印,打拼生活的人。其中有循着自己梦想奋斗的人,也有不断调整路线挑战自己的人,道路没有对错之分,只有最能体现自己价值的职业才是最适合的。很多人说兴趣是最好的老师,是的,在业余爱好方面是成立的,但是在生存方面未必,比如年轻人喜欢唱歌,梦想着成为明星,有几人能够成功?比如年轻人喜欢打游戏,但是不一定适合开游戏公司;有些人梦想成为作家,如果没有工作和生活积累,也是写不出来好的作品的。我就是如此,我曾经有个作家梦,为了生活,只好"弃文从法",竟然开出一片天地。

很多时候,不去逼一下自己,你永远无法发现自己的潜能。如果你能够一眼看到自己的生命尽头,会不会感觉生命毫无意义啊?

别人走过的路,能否复制?

我们从小就喜欢看名人传记,但是长大后没有成为那些名人,为什么?我们说,成功是不可复制的,就是这个道理。但是不等于,我们白看了那些作品。起码我们学到了一种不屈不挠的精神,吸取了其中的经验和教训,懂得了一些做人的道理,甚至了解了当时的社会状况。比如我们读《红楼梦》可知,当时的男人见面都问:读的什么书?可知男人都爱看书,文化风气很好,为的是学而优则仕;女人见面都问:吃的什么药?可知女人身体都不太好,可能是长期禁闭在家缺乏锻炼的缘故。

后 记

  我们看别人走过的路，各不相同，不能模仿，不能复制，但是你从中可以了解这个职业是否适合你。比如律师职业，从本书中可以判断下：你能否吃得了这个苦？能否承受其中的颠簸和风险？如何与当事人打交道？如何与法官沟通？如果能悟到一点有用的东西，将是我莫大的荣幸。

  如何保持循序渐进的人生状态？

  我们不期待一夜成名，出道就是巅峰的人生状态。曲径通幽，渐入佳境，才符合自然规律。比如景区一进门就是一堵墙，或一座假山，那是起类似屏风的作用，为的是不让你一下子看到整个美景，需要循序渐进，慢慢欣赏，才会找到人生真谛。

  所以年轻人，需要慢慢积累，不断沉淀，水涨船高，才有出头之日。

  话说农村出来的人，比如我，自小在山野里长大，自由散漫惯了，需要不断加强修养，多学点优雅和贵族精神，才可以去掉很多野气；小时候家里穷，自然比别人有更多对食物和金钱的渴望，等财富自由了，需要不断培养大度和大气，学会宽容，才可以对抗小气；从小内向自卑的人需要多读书多学习，成为一个行业的专家，才可以对抗这种懦弱，变得强大。

  无论你走到哪里，都要始终保持谦虚谨慎的心态。从平凡出发，坚持走在平凡的路上，像一块戈壁上的石头，需要风吹日晒，不断打磨锤炼，才会更加坚硬。即便取得一点成绩，也绝不膨胀，绝不狂妄，始终保持一颗平常心，不忘初心，依旧回归平凡之路。

  或许这就是生命的意义吧！

图书在版编目(CIP)数据

平凡之路：大律师是怎样炼成的 / 张刚著. —北京：中国法制出版社，2022.4
ISBN 978-7-5216-2591-2

Ⅰ.①平… Ⅱ.①张… Ⅲ.①张刚—自传 Ⅳ.① K825.19

中国版本图书馆 CIP 数据核字（2022）第 047620 号

责任编辑：刘冰清　　策划编辑：赵　宏　　封面设计：周黎明

平凡之路：大律师是怎样炼成的
PINGFAN ZHI LU: DALÜSHI SHI ZENYANG LIANCHENG DE

作者 / 张　刚
经销 / 新华书店
印刷 / 三河市紫恒印装有限公司
开本 / 710 毫米 ×1000 毫米　16 开　　　印张 / 17.5　字数 / 222 千
版次 / 2022 年 4 月第 1 版　　　　　　　2022 年 4 月第 1 次印刷

中国法制出版社出版
书号 ISBN 978-7-5216-2591-2　　　　　　　　　　　定价：58.00 元

北京市西城区西便门西里甲 16 号西便门办公区
邮政编码：100053　　　　　　　　　　　　传真：010-63141600
网址：http://www.zgfzs.com　　　　　　编辑部电话：010-63141837
市场营销部电话：010-63141612　　　　　印务部电话：010-63141606
（如有印装质量问题，请与本社印务部联系。）